零基础突破经营困局，3步招商撬动亿万级市场

招商高手

郑小四◎著

中华工商联合出版社

图书在版编目（CIP）数据

招商高手 / 郑小四著. —北京：中华工商联合出版社，2025.5. -- ISBN 978-7-5158-4248-6

Ⅰ. F272.3

中国国家版本馆 CIP 数据核字第 2025B1X244 号

招商高手

作　　者：	郑小四
出 品 人：	刘　刚
图书策划：	华韵大成·陈龙海
责任编辑：	胡小英
装帧设计：	王玉美
责任审读：	付德华
责任印制：	陈德松
出版发行：	中华工商联合出版社有限责任公司
印　　刷：	北京毅峰迅捷印刷有限公司
版　　次：	2025 年 6 月第 1 版
印　　次：	2025 年 7 月第 2 次印刷
开　　本：	710mm×1000mm　1/16
字　　数：	185 千字
印　　张：	12
书　　号：	ISBN 978-7-5158-4248-6
定　　价：	58.00 元

服务热线：010 — 58301130 — 0（前台）
销售热线：010 — 58302977（网店部）
　　　　　010 — 58302166（门店部）
　　　　　010 — 58302837（馆配部、新媒体部）
　　　　　010 — 58302813（团购部）
地址邮编：北京市西城区西环广场 A 座
　　　　　19 — 20 层，100044
http://www.chgslcbs.cn
投稿热线：010 — 58302907（总编部）
投稿邮箱：1621239583@qq.com

工商联版图书
版权所有　侵权必究

凡本社图书出现印装质量问题，请与印务部联系
联系电话：010 — 58302915

前言

在商业领域摸爬滚打30年来,我也经常做一些实战性的招商工作。回顾这么多年的打拼和努力,其中酸甜苦辣,只有真正历经招商的人才深有体会。但我也从中见证了很多,成长了很多。

招商能够为企业带来可观的经济效益,提升市场影响力和竞争力。对于招商的作用和意义,我深有感触。在我看来,招商就像是谈一场恋爱,签单就像是修成正果,那一刻内心无比激动,因为这是付出所有努力换来的结果。

但在当下,招商已经成为企业最难解决的问题。"酒香不怕巷子深"的时代已经过去,一方面,商业环境发生了变化,给企业招商带来了巨大挑战。另一方面,在如今高速发展的信息时代,人们获取信息的渠道和方式越来越多,客商"货比三家",已经不仅仅局限于产品的对比,品牌优势、价格优势、市场优势、政策优势等都要拿在一起做对比,再三衡量之后,才会做出签单决定。商业竞争加剧,对于没有经验、没有思路、不懂策略,却又迫切想要快速扩张的企业来说,很可能无法吸引到更多的加盟商,反而导致了损失。这样的情形,必然会让企业感到招商难,难于上青天。

招商也是企业与客商之间的双向选择。有的时候,客商资金实力雄厚、销售经验丰富,口碑在业界良好,但不能与招商企业在战略目标、价值观上相契合,依旧不是企业最佳的选择。这就好比两个人,实力能力相当,但精神世界无法契合,最终难以走到一起。

即便企业与客商成功合作,但在合作过程中,也会因为出现各种各样的问题,而影响彼此共同的创富目标。如果问题处理不好，合作关系也难以继续维持下去。

所以，招商取得成功，十分不易。有些人用"碰运气"的心态去招商，期待一夜暴富。天上的馅饼从来不会无缘无故地掉到你的面前。在招商项目上真正取得的成功，并不是偶然事件，更不是靠运气堆砌而成的，而是精心策划和不懈努力的结果。

招商本身具有独特的属性，不仅是一种自我心理、思维的挑战，更是对技巧、模式、策略等提出了很高的要求。如果你既能勇于挑战自我，又能将实战的技术运用得炉火纯青，那么你就离成功招商更近了一步。

我以多年成功的招商经验，为企业量身打造了这本招商指南。分别从招商认知篇、招商筹备篇、招商策略篇三大板块入手，通过各种实操方法和技巧，向企业传授招商成功之道和智慧，助力企业招商成功落地。用科学的方法与有效的途径，帮助企业快速开疆拓土，实现商业版图的扩张。

本书重实操、有案例，通俗易懂，可读性强。希望我走过的弯路你们不要再走，希望我踩过的坑你们可以避开。希望我的这些成功经验，都能成为你们招商路上的宝贵财富。

CONTENTS 目录

第一篇　招商认知篇

第一章　全面认识招商

如今，市场竞争越来越激烈，为了快速拓展市场，提高竞争力，许多企业开始从招商入手，寻找更多的商机和客户资源。对于企业而言，招商既是一种商业模式，也是企业发展壮大的有效途径。全面认识和了解招商，对我们推动招商工作顺利、高效地进行大有裨益。

- 004　招商的意义与价值
- 006　招商的六个核心点
- 008　八大主流招商模式
- 013　常见招商误区
- 015　成功招商法则

第二章　成功招商必备五大思维

思路决定出路，思维决定高度。不论是产品型企业还是服务型企业，做招商，贵在思维模式上做突破。思维方式，决定了招商成败以及招商效果，能避免走上招商弯路。拥有正确的思维方式，是抓住新生机、开拓新生意的关键，企业才能在商业世界中立于不败之地。

018　头部 IP 思维：发挥老板的 IP 光环效应
021　合作共赢思维：多点集结，协同作战
023　整合资源思维：用别人的资源赚自己的钱
025　利他达己思维：懂得利他才能成就自己
027　"外脑"协助思维：借助外部力量达成招商目标

第二篇　招商筹备篇

第三章　做好招商准备，机会留给有准备的人

"机会总是留给有准备的人"，这是一个必然规律。聪明的人，都懂得事先做好准备，才能抓住机会。企业开展招商工作，要组织有方，谋定而后动。做好充分的准备工作必不可少。否则，有商业机会来临时，自己却毫无准备，只能追悔莫及。

034　心理准备：心态决定成败
036　市场调研：知己知彼，百战不殆
038　会场选址：好的选址让成功率翻倍
040　会场布置：打造良好氛围，树立良好形象
043　物料准备：事无巨细才能事半功倍
045　制定方案：好的招商方案是通往成功的直通车
048　制定预算：花小钱办大事
050　风险评估：做好风控，提升招商成功率

第四章　组建高效团队，打造精锐招商队伍

招商工作的高效进行，需要强有力的招商团队来推进。好的招商团队，有很强的向心力，能胜过千军万马。所以，企业想要通过招商活动创造出更大的市场份额，那么组建高效团队，打造精锐招商队伍，

是招商工作的核心和重点。

054　组建优秀团队，实现招商成果最优化
059　打造狼性团队，狠一点离成功才会更近
061　建立沟通机制，促进团队协作
063　岗前培训，实现潜能释放与突破
065　强化绩效考核，激活团队战斗力
068　有效的奖惩制度，激发团队积极性

第五章　读懂客户心理逻辑，高效征服客商

做招商工作，其实是一门心理学。与其说是成交客户，不如说是操控客户心理。明白客户真正需要什么，客户心里究竟在想什么，比苦口婆心向客户推销产品、服务，做品牌宣传更加有效。读懂客户的心理，征服客户的内心，招商才更容易取得成功。

072　你是谁：表明细分赛道
074　凭什么相信你：客户见证与案例证明
077　对我有何好处：解决用户问题
079　凭什么合作：打造梦想蓝图，提升合作意愿
082　如何保证赚：合作、盈利机制双保险
084　立刻合作：制造诱惑，让客户迫不及待

第三篇　招商策略篇

第六章　塑造招商优势，抢占潜在客商心智

如今，市场竞争异常激烈已经是不争的事实。企业做招商，缺乏招商优势，做起来会很艰难，而且招商成果通常差强人意。近年来，

一些意识超前的企业，纷纷为自己塑造招商优势，抢占潜在客商心智。塑造招商优势，是企业成功招商的重要一步，是企业在市场竞争中的有力武器。

090　构建品牌优势，征服用户群体
095　彰显产品优势，好产品自己会说话
098　展现价格优势，提升市场竞争力
100　凸显市场优势，撬动市场增量
102　抛出利好政策，给客户吃下定心丸

第七章　会销策划，全面提升招商力

会销是提升企业招商力的重要手段。通过精心策划和实施会销活动，招商企业可以全方位提升自己的招商力，有效吸引潜在客商的注意力，并激发他们的兴趣，从而推动招商活动成功开展。好的会销策划，可以引爆一场招商盛宴。

106　主题策划：有吸引力才有招商力
109　邀约策划：精准邀约，聚焦有效用户
114　演讲策划：细节攻心，引爆成交热潮
117　促单策划：踢好临门一脚更容易成功
120　唱单策划：现场唱单，从众心理促成客商积极签单
122　服务策划：会后跟踪与回访，扩大战果

第八章　靶向招商，精准锁定目标客商

招商对于企业和经销商来讲，是一个双向选择的共同创富机会。如果经销商选择不当，在以后的经营过程中，就会因此而影响整个企业的发展前景。招商变成了"招伤"。在选择经销商的过程中，要擦

亮眼睛，层层筛选，找到属于自己的精准目标客商。

124 确定招商目标，有目标就有方向
127 客商定位，锁定目标客商群
129 初步界定，寻找潜在客商
131 做客户背调，多维了解多重筛选

第九章 创新招商策略，收获海量客户

随着招商形势的不断发展，科学技术的创新，传统招商方式的劣势正在不断显现，招商效果不明显，没有可持续性，使得招商活动流于形式。探索更多与当下时代发展更加契合的创新招商策略，可以助力企业收获海量用户，在招商项目推进上取得更大的突破。

134 社群式招商，引爆私域流量
137 热点式招商，让招商流量爆棚
139 造势式招商，赢得目标受众关注
142 体验式招商，亲身体验远胜于说服
145 情感式招商，温情牌更具杀伤力
147 裂变式招商，推荐即奖励实现自动裂变
149 跨界式招商，跨界融合实现客商倍增

第十章 巧用谈判策略，加速推进招商成功

招商谈判是招商过程中的一场博弈，是招商所需的一项必备技能，也是招商工作能够顺利推进的关键所在。真正的谈判高手，不仅懂得深入了解客商心理，还能恰到好处地用到有效的谈判技巧，让客商对其信任有加，愿意达成合作交易。

154 掌握成功谈判必备核心原则

156　　招商谈判常见误区
159　　先声夺人，掌握先发优势
161　　把握提问技巧，掌握谈判节奏
164　　陷入僵局，冷静巧妙破局
166　　不谈价格谈价值，让客商为价值买单
168　　审时度势，适当让步才能快速成功

快速成功有技巧，招商方法很重要

　　所有的招商都是为了能够快速地对外扩张，实现快速赢利。然而这一切都需要有更加贴合的招商方式，才能实现。要想提升招商的速率，让招商快速成交，需要借助更加高效、创新的招商方式保驾护航。

172　　自建商学院，打造人才复制机
175　　汲取优秀经验，站在巨人肩膀上更易成功
177　　样板模式快速复制，招商效率倍增
179　　打造标准化体系，加速扩大商业版图

第一篇

招商认知篇

第一章

全面认识招商

如今,市场竞争越来越激烈,为了快速拓展市场,提高竞争力,许多企业开始从招商入手,寻找更多的商机和客户资源。对于企业而言,招商既是一种商业模式,也是企业发展壮大的有效途径。全面认识和了解招商,对我们推动招商工作顺利、高效地进行大有裨益。

招商的意义与价值

招商是企业发展过程中的重要一环。如果一个企业没有招商意识,那么企业就难以做大。很多企业做招商,也有越来越多的企业在学习招商。

招商,就是企业将自己的产品以及服务对外发布,招募商户共同发展,谋求财富。简单来说,就是将商户招进来,将资金引进来,谋求更大的发展前景。

想要全方位了解招商,除了了解其概念之外,还需要深入认识招商的价值和意义。

那么招商究竟能给企业带来什么价值?招商的意义是什么呢?

1. 招商的价值

(1)快速吸引现金流

企业的发展,各项成本众多,包括人工成本、租赁成本、材料成本、运输成本等,为了维持企业的正常运转,强有力的资金做后盾必不可少。招商可以为企业快速吸引现金流,为企业的发展持续输入"血液"。现金流直接关乎企业的生存和发展。通过有效招商,可以为企业带来持续的资金流,解决企业现金流难题。

(2)快速建立销售渠道

如今,市场竞争者众多,如果想要扩大销售规模,快速打开市场,仅仅通过将产品或服务卖给消费者的方式一条腿走路,产品或服务必然难以快速在市场铺开。多一条销售渠道,就会多一个让产品或服务覆盖更广泛市场的途径。毕竟,再好的产品或服务,缺少多元化销售渠道,也会很大程度上阻碍其在市场的流通速度。

招商从本质上看,其实也是一种变相销售的方式。通过招商这一销售渠道,同样可以让客商付款购买产品或服务。只不过,招商与传统的消费者购买相比,前者是建立在合作伙伴关系、利益共同体关系之上,后者是基于买卖关系层面。

(3)为企业降本增效

企业经营,最看重的有两点,一是开源,二是节流。增加效益是开源,节约成本是节流。

招商,通常是B2b模式。"B"即企业端,"b"即客商端。这就意味着,企业招商,面对的是商户,而不是个体消费者。单个商户购买相对于个体消费者购买，对产品或服务的需求量较大。一场招商能够收获多家客商，对于产品或服务的需求量则相当可观。对于企业本身而言，首先，花费一次人力、物力、财力成本，就能赢得多家客商的合作；其次，成功招商后，同时服务于多家客商，能够统一采购原材料。从这两方面来看，做招商就能为企业带来很好的降本增效效果。

（4）提升企业品牌影响力

招商的过程，就是通过大肆宣传，在短时间内找到五湖四海的合作伙伴，帮助自己经营产品或服务。这个过程中，借助各种媒体、渠道大肆做宣传推广，就在无形中为品牌扩散了知名度，让更多的人、更多的经销商知道企业品牌的存在，了解品牌产品和服务的优势，进而有效提升企业品牌的影响力。

（5）降低企业经营风险

企业经营的过程中，风险无处不在。有效的招商，能吸引更多感兴趣的经销商共同参与进来，为了同一个创富梦想而共同努力。在大家合力发展的情况下，能有效减少竞争对手的攻击和排挤，降低企业的经营风险。

2. 招商的意义

（1）快速开拓市场

企业积极主动招商，能吸引更多的合作伙伴加入进来，快速扩大自己的影响力和市场份额，从而获得更多的业务机会和利润。另外，通过招商，企业可以获得外部投资者和合作伙伴的资金支持，这可以用于企业市场推广、产品研发、产能扩张等方面，从而加速企业开拓市场的速度。

（2）实现互利共赢

招商将企业与合作伙伴联系起来形成利益共同体。在这个合作体系中，大家相互支持，相互成就，共担风险，实现利益最大化，共同推进互利共赢，实现长期稳定共同发展。

（3）增强市场竞争力

招商可以吸引外部资金，激活企业经济活力，增强企业的经济基础，也为产品升级和创新提供了更多的机会。这些都有助于企业快速提升市场竞争力。

招商是企业实现产品或服务快速变现的"最后一公里"。招商对企业发展产生的价值和意义不可低估。

招商的六个核心点

企业发展和壮大,离不开招商。在实际招商过程中,有的企业招商如火如荼,有的却门庭冷落。

的确,在不断变换的巨大商场上,有成功者,就必然有失败者。不论你曾经是否做过招商,也不论你曾经通过何种方法招商,掌握招商的核心点,利用一切可用的资源,方可为企业成功招商打下基础。

招商的核心点是什么?

1. 利益

一般的企业,总是把自身利益放在第一位,把客户当成自己的利益对立面。企业以赚钱盈利为目的,无可厚非。成功吸引商户加入并不是我们的终极目标,更重要的是帮助他们成功赚到钱。只有让商户取得了想要的经济利益,才能让他们发自内心地愿意与我们建立长久的合作关系。有了这层关系,我们才能够收获源源不断的利益。

2. 模式

商业模式是企业用来创造价值、赚取收益的方式和逻辑。任何生意,都可以通过商业模式做大做强。成功招商,重在模式。招商模式的选择,直接影响着招商的效果和成功率。时代在发展,更多招商模式也在不断创新中涌现,选对模式,用对模式,成功招商的概率才会更大。

3. 技术

商场如战场,在战力水平相当的情况下,谁善于利用先进技术,谁就能率先占领高地。

在招商1.0时代,互联网没有出现之前,信息传播比较闭塞,企业招商,都是线下开展驻地招商,坐等客户上门。这种"守株待兔"式的招商模式,等来的客户数量微乎其微。于是上门招商运用而生,招商人员挨家挨户上门一对一与客户沟通,最终达到招商的目的。这种方式招商十分耗费人力成本和时间成本,招商成效差强人意。

在招商2.0时代,随着网络技术的普及,企业在一些商业网站投入广告,获取经销商信息,也让更多有意向的经销商能轻松找到想要投资的企业。这样就解决了以往信息不对称的问题,使得招商变得轻松且高效了很多。即便是线下招商，也有很多媒体设备的加持，如投影仪等的使用，使得招商一改往日枯燥的氛围，变得更加新奇起来。

在招商3.0时代，移动网络的出现和普及，在此基础上各种App不断涌现，再加上大数据、人工智能等前沿技术的融入，招商形式变得更加丰富多彩。企业可以通过自动化的方式快速筛选出符合企业需求的合作伙伴，有效节约了人力资源和时间成本，更重要的是提升了招商结果的精准性。

用先进技术做支撑，招商活动变得有趣且高效。

4. 激情

做招商工作还需要招商人员更多的激情。热爱是一切的原动力。始于热爱，继之坚韧，终获突破。一个人，如果没有激情，再好的商业项目，也难以招到理想的"商"。

热爱自己的工作，才能做好自己的工作。有激情的招商人员，能在招商的过程中充分发挥自己的工作积极性，能临场发挥，主动应对各种突发状况，能用自己的激情调动客商的情绪，调动对商业项目的兴趣，给人以信心和活力，吸引人们将目光聚焦于项目，积极做出合作决定。

5. 思路

做招商工作，还需要具备极其清晰的思路。思路就是出路。

招商思路，包含两个层面：

第一个层面，是战略层面的思路。战略层面的思路，主要包含招商规划、市场营销、创新模式等多方面的思路。简言之，战略层面的思路，就是要招商人员成为整个招商活动的"大脑"，站在最高处，做全局把控。

第二个层面，是具体业务层面的操作思路。业务层面的操作思路，主要包括如何做目标筛选、如何做对接洽谈、如何做好项目签约，以及做好服务落地等。一句话，业务层面的操作思路就是要细化到各个"毛细血管"，保证每个毛细血管都能正常、有序、高效地运作。

6. 方法

招商并不是随心所欲就能取得成功的，方式方法很重要。再有利益前景的项目，不仅要有好的模式与技术支撑、好的激情和清晰的思路，还得要想方设法，借用一定的手段和方法招到优质的客商。招商成功落地才是最终目的。

招商是一件看似简单，实则烦琐的事情。依循以上六个核心点，顺应大环境的变化，做好各项细节工作，有利于促进招商工作高效率、高质量地进行。

八大主流招商模式

招商是企业开拓市场、增强竞争力的不二法门,其重要性不言而喻。随着时代的发展,再加上市场的需要,招商逐渐演化出多种形式。

通过这几年看到的多种招商案例,我总结了以下几种主流的招商模式:

1. 路演式招商

路演式招商就是在公共场所通过演说的方法展示产品或服务,吸引目标人群的关注,使他们产生兴趣,最终达成招商目标。

企业招商,除了产品或服务本身的优劣之外,一个很重要的原因,就是因为没有做好招商演说,最后导致结果不理想。很多时候,一些不错的产品或服务,因为路演上的失误,而没有引起客商的关注。

如何做好路演式招商?

(1)有清晰的逻辑

做招商,重点是要让听众知道企业是做什么的。做路演式招商,如果逻辑有问题,是致命伤。不能用缜密的逻辑说服听众,会让整个招商效果大打折扣。可以说,逻辑是路演式招商的灵魂。

(2)清晰介绍产品或服务

路演式招商,做演讲是手段,招商是最终目的。在这个过程中,要简洁直接、条理清晰、详略得当、重点突出。不要只顾侃侃而谈,要给他们全方位展示实实在在的产品或服务。更重要的是,要让客商明白你的产品或服务有什么与众不同之处,能否让他们赚到钱。

(3)把控好语速语调

在向听众讲解的时候,要注意确保每一位听众都能听清楚你在说什么。把控好语速,尽量语速慢一点,对听众来说更容易听明白你演讲的内容。

语调在交流中扮演着至关重要的角色。演讲并不是课文背诵,用不同的语调可以表达出不同的情绪和情感。在演讲的时候,把控好语调的高低和抑扬变化,可以更好地调动听众的情绪。

(4)不夸大其词

介绍产品或服务,夸大其词是大忌。尊重客观事实,体现出务实的精神,让听众看到产品或服务实实在在的样子。

2. 展会式招商

展会式招商就是通过举办展览会的方式展出产品或服务，吸引感兴趣的客商参观和投资的招商模式。

展会式招商重在服务内容和模式。让客商对招商企业留下美好印象，是客商积极合作的前提。在招商的过程中，做好环境整治，营造健康、和谐展会氛围的同时，还需要为客商提供更加优质的个性化服务。尤其在接待环节，要有所创新，将服务意识与实际行动相接轨。

（1）接待人员做好个性化服务

作为招商活动中的接待人员，要做好品质服务。第一，来有迎声，即有客商前来要主动上前欢迎；第二，问有答声，即有客商提出问题要积极回答；第三，去有送声，即招商活动结束后，客户离开时，要主动表达欢送之情。这些都是最基本的服务内容。

有的时候，前来参加展会的除了国内客商之外，还可能会有国外客商。接待人员不但要能讲一口清晰标准的普通话，还要会讲流利的外语与客户交流，避免出现沟通障碍，更能让客户感到亲切。

（2）签到服务规范化、便捷化

客商前来会场参展，签到服务必不可少。现代社会，人们的生活节奏加快，做任何事情"效"字当先。签到效率直接影响着前来参与招商活动客商的体验和活动整体的流畅度。传统的签到方式是手写签到模式，这种方式存在诸多不便。科技的发展，为人们的生活、工作带来了极大的便利。微信二维码签到以其独特的优势，深受人们的喜爱。

可以在招商活动之前，就创建签到系统，并生成包含参与者信息（包括姓名、企业名称等）的二维码，然后将这个二维码发送到客户手中。前来参加招商活动的客商，可以使用自己的二维码，对准签到设备进行扫描，即可快速完成签到。科学的签到流程，即便客商再多，也能做到井然有序。

（3）做好客商餐食、住宿、休息服务

客商的餐食、住宿服务也是不可忽视的一环。在确定前来参加招商活动的客商人数之后，就可以找到相关酒店，协调预定餐饮和住宿，确保与会客商满意与安心。

此外，专门开辟一个休息空间，为客商提供一个中场休息的区域，给客商一个享受片刻宁静的空间，而且配备各种基本区域，如充电区、茶水区等，提供 WiFi 等细节服务，满足与会者的基本需求。这些服务在无形中传递了品牌关怀和专业度，能更好地塑造品牌形象。

优质的服务是最大的诚意，更是格局的体现。在保证产品或服务品质的基础上，拼服务也是一种感动客商，并加速客商投资的有效方法。

3. 上门式招商

上门式招商也叫登门式招商，即招商人员走出去，直接登门，找潜在客户谈合作。这是一种主动出击、直接与潜在客商进行面对面对接的招商方式。

上门式招商，招商人员亲自拜访目标客户，能通过直接、有效地与目标客户面对面沟通，增加彼此情感的同时，更能留下深刻印象，增加客户的合作兴趣。

做好上门式招商，需要做好以下工作：

（1）做好充分准备

在上门拜访之前，要全面了解客户背景和需求，做好相关资料的准备工作，还要做好自我介绍和产品及品牌介绍的准备。

（2）设定好目标

在拜访客户之前，就要明确自己的目标，并制定相应的招商策略和计划，明确自己想要的结果。比如，初次上门招商，是为了给客户留下好印象以争取下次见面的机会，还是想要直接拿下客户签订合同等。

（3）热情真诚沟通

上门拜访与客户沟通时，沟通热情真诚、语言亲切柔和、行为尊重有礼，是客户愿意花时间聆听拜访来意的"杀手锏"，也是招商成功需要迈出的关键一步。所以，开口的方式很重要。

4. 驻点式招商

驻点式招商就是企业选择重点招商地，设立办事处，成立专门的招商团队，在这里长期开展招商活动。

这种招商模式下，招商团队长期在当地设立招商驻点，能持续与对当地企业接触，也能让当地企业更好地了解招商企业的优势，从而更加有效地吸引合作伙伴加入。

做好驻点式招商，重点需要抓住以下几点：

（1）设立驻点

开展驻点式招商工作，确定招商区域至关重要。通过市场调研和科学的市场分析，经过反复比较，最终确定最优驻点区域。这样做，为成功招商创造条件，避免了招商的盲目性。

（2）做好宣传工作

想要吸引更多潜在客商的注意力，企业需要借助各个渠道积极主动向外宣传自己的优势,将自己的特色和潜力传达给目标客户。

5. 委托式招商

委托式招商就是找第三方招商机构做代理,在招商成交后,返给第三方招商机构一定的佣金作为回报。

委托式招商的优点是,将招商工作全权委托给第三方招商机构,对于企业而言,省心、省事,能使招商企业的招商水准和效果更好。

委托式招商并非全然无忧,关键是要找到真正可靠的第三方招商机构。在选择第三方招商机构时,需要考虑以下几个方面:

(1)专业性

第三方招商机构有很多,并不是每一个都适合作为自己的委托代理,需要有所选择。那些专业性更强,更加熟悉本企业产品或服务特点,更加了解本企业所在行业特性的第三方招商机构才是最佳的选择。

(2)成功率

成功招商是最终目的。成功率的高低也是选择第三方招商机构需要考量的因素。

6. 媒体式招商

媒体式招商主要是指在报纸、杂志、广播、电视等媒体上进行招商,吸引有投资意向的人前来实地考察投资合作。

这种招商模式可以充分借助媒体渠道的强大传播优势,对招商企业进行充分宣传,能极大地提升招商活动的吸引力和企业影响力。

做媒体式招商,充分利用媒体平台潜力的同时,更需要注重内容的创作。独特而引人入胜的内容,再加上引人注目的图像、短视频等,可以吸引更大范围受众关注企业,激发目标受众的兴趣,促使目标受众积极主动合作,寻找共同创富机会。

7. 网络式招商

网络式招商,是通过在互联网平台上进行招商。借助网络平台,如专业官方网站、专业论坛、社交媒体平台、电子邮件等,发布招商信息、收集信息、整理信息、联络客商、服务客商。

这种招商模式,依托于互联网"短、平、快"的特点,使得整个招商过程更加便捷、高效,更好地提高招商企业的知名度和影响力。

开展网络式招商活动,重点是招商人员对网络招商流程足够熟悉。还需要每天在网上筛选意向客户,并对有意向的目标客户通过网络发送数据资料,以及做好洽谈工作等。

8. 电话式招商

电话式招商就是招商人员通过打电话与潜在客户进行沟通，促成合作的招商模式。

这种模式的最大优势在于成本低，只要耗费一电话费、一点邮寄费，再加上一些人力成本即可。与此同时，也存在一定的缺点，信息缺乏层次感，难以营造招商氛围，实现精准招商比较困难。

使用这种招商模式，重点在于掌握招商话术。通过电话与目标客户交流沟通，精简对接过程，增加双方信任，提升招商的成功概率。

招商工作并没有固定的模式。只有不断学习和创新，才能找到适合自己的招商模式，吸引属于自己的合作伙伴，为企业发展壮大提供支持。

常见招商误区

在日常招商的过程中，很多时候会出现差强人意的结果。所有好的坏的结果，必定事出有因。经过我多年来的工作经验和研究，发现绝大多数招商失败的原因，除了与大环境下市场竞争有关，还有十分重要的一个点，就是在招商过程中存在一些误区。

这里分享几个我总结的常见误区，帮助大家规避风险，少走弯路。

误区一：招商等于演说

为了更好地吸引客商加盟，慷慨激昂的演说是必不可少的一环。因此，很多人会误认为，招商其实就是演说。持这种观点的人，往往忽视了招商演说的本质，即演说是一种形式，成功交易才是最终目的。在整个招商过程中，演说只是一种吸引客商兴趣的途径，唯有提供有价值的产品或服务，才是真正吸引客商投资的根本原因。如果只将全部精力放在演说上，忽略产品或服务本身的品质，很难与目标客户建立起长期且稳固的合作关系。

【正确操作】

招商活动需要演说做辅助，慷慨激昂的演说可以调动会场的氛围以及潜在客商的情绪，加速招商的变现速度，提高成交的概率。在演说之余，融入系统思维。这个演说系统，包括如何在演说中提炼产品卖点，如何塑造招商话术，如何加速成交等。招商活动中，有了演说赋能，招商难度就会降低很多。

误区二：招商过于激进

有的企业在招商的过程中表现得过于激进，总想着花最短的时间就要取得最大的成效，甚至有的企业会给出高额的返利、过低的加盟费等。这些想法都是错误的。做招商，激进最不可取。

首先，招商工作并不是一蹴而就的事情，它就像匠人精心打磨一件艺术品，要做专、做精。在整个招商过程中，招商前期的准备工作，招商过程的细节服务、招商后期的相关维护等，涉及很多细节性工作。如果忽视哪一个环节，或者哪一个环节做得不够到位，都会影响招商的整体效果。

其次，为了快速吸引投资，采用过于激进的优惠政策，会给企业在后期经营的过程中增加很多负担，甚至会损害企业的长期发展。

【正确操作】

在招商之前，就定好招商流程和策略，确保在执行的过程中能够有迹可循、有章可依。在整个招商过程中，牢抓细节，循序渐进，层层推进，才能顺利达成招商目标。

误区三：一招鲜，吃遍天

招商是一项复合型工作，面对的客商情况各不相同，如果只想着用一种策略去招商，如果只钟情于一种模式去招商，显然会离成功招商越来越远。尤其是在经过一次或几次成功招商之后，就认为这种招商方法和模式能实现"一招鲜，吃遍天"，这样很可能会让你损失很多商机，错过很多优质合伙人。

【正确操作】

面对不同的客商，要灵活制定创新性策略和战术。很多时候，还需要采用多种招商方法。多管齐下，才能达到好的招商结果。

误区四：重招商，不注重服务

很多企业认为招商就像是在啃一根难啃的骨头，需要付出很多金钱、时间和精力，因此会将自己的全部投资，包括金钱、时间和精力都放在招商上，一门心思只为做好招商。对于招商过程中应有的服务，以及招商之后的服务工作，直接选择忽视。

招商过程中、招商结束后，没有相关服务或后续服务，是一种"短视"行为，只能做"一次性买卖"。对于招商企业的长远发展来讲，十分不可取。

【正确操作】

将客商招进来只是第一步，不能满足于和客商签订合同便了事。如何为客商提供优质服务，才是重中之重。

一个完整的招商过程，除了将客商引进来，还需要注重为客商提供优质的服务。由此能带来以下几方面的好处：

①提升客商满意度

优质的服务，如高效的金融服务、良好的帮扶政策等，能显著提升客商满意度，增强他们的合作意愿。

②形成良性循环

将客商引进来固然重要，但如何让客商留下来、安定下来，更为重要。因为，只有客商能够留下来、安定下来，招商企业才能够获得客商源源不断的资金投入，并由此形成良性循环。

企业招商，最重要的一点就是对招商有正确的认知。正确的认知对正确行为的发生起到导向作用。如果认知出现问题，后续执行的过程中必定出现偏差。走出这些误区，才能引导企业正确执行招商工作，实现招商成功率的有效提升。

成功招商法则

在如今经济繁荣的大环境下,企业竞争也在不断加剧。招商成为推动企业经济增长、吸引优质客户的重要手段。招商不仅是一门学问,更是一个充满机遇与挑战的事情。做好了"功在千秋",做不好"罪在当代"。

招商成功与否,关键在于一系列有效的策略和方法的实施。掌握好以下几个招商的基本法则,可以有效提升招商成功率。

1. 战略至上法则

做任何生意,最讲究的就是战略。没有确定战略之前,任何战术都是一句空话。这就好比一艘轮船出海航行,没有确定航向前行,任何方向的风都是逆风。战略制定了长远目标和整体方向,而战术则是实现这些目标的具体手段。有了战略做导向,战术才能更好地发挥和推进招商项目进行。

什么是战略?战略就是对企业所在的整个行业,以及开展招商活动的整体认知和把握。

> 比如:需要根据企业当下的经营规划、经营情况等,决定企业是否需要开办一场招商会;要根据产品特性等决定在淡季还是在旺季开招商会,是在全国还是省级开招商会等。根据不同的情况制定不同的战略。有了战略,就要开始着手从长计议,开始进入正式招商规划阶段,然后根据招商流程,一步步进行下去。

2. 文化输出法则

做招商,其实就是短时间内做大规模销售。所以需要在营销环节,借助企业文化的力量做宣传。企业文化,即产品理念与消费者喜好相结合而产生的独特文化。

> 比如:当下消费者非常关注健康饮食,在购买产品的时候,更加倾向于那些绿色、安全、环保之类的产品。乐百氏推出"27层过滤"的矿泉水,完全迎合了消费者喜好。也由此推出了"创造健康生活,共享成功利益"的企业文化。在招商的过程中,如果以该企业文化作为宣传的点,则能更好地吸引经销商的关注。

3. 精心策划法则

招商就像摆宴席待客一般，要想让整个招商活动别出心裁，就要做好策划。否则，平平无奇，没什么亮点，即便"宴席"摆得再阔气，也没能吸引代理商，让人心动落座，为这一桌宴席买单。

招商策划需要确立目标、制定方案、方案实施、跟踪反馈等，这一系列举措形成一个完整的策划流程。在做策划的过程中，要协调好短期与长远、局部与全局利益的平衡，以便招商工作做到有的放矢。

4. 模式创新法则

当前，已有的招商模式有很多。这些都是前人经过多次尝试，历经多次失败，经过多次优化与创新后形成的。直接拿来使用，自然能省时省力，但不一定拿来就能适用，能为自己带来想要的机制。成功源于创新，只有如此，才能保证取得良好的招商效果。

但创新并不是随意、盲目创新，需要针对企业特征、客商心理，以及行业趋势等进行创新。设计出一套有新意、能吸引客商、提升成交率的商业模式，才能为企业创造出更多的价值。

招商是一个系统性工作，不是两三天的事情。想要招商取得成功，掌握以上法则，能够帮助我们提高招商的成功率和效果。

第二章

成功招商必备五大思维

思路决定出路，思维决定高度。不论是产品型企业还是服务型企业，做招商，贵在思维模式上做突破。思维方式，决定了招商成败以及招商效果，能避免走上招商弯路。拥有正确的思维方式，是抓住新生机、开拓新生意的关键，企业才能在商业世界中立于不败之地。

头部 IP 思维：发挥老板的 IP 光环效应

相信很多企业在招商的时候，老板将招商工作全部下放出去。由招商人员上阵，全权负责。

招商是企业的战略，就是招资金、招人力、招资源，老板是招商的第一责任人。想要把企业招商工作做好，老板就要改变思维，承担起招商第一责任人的角色，主动参与进来。老板的高度代表了企业的高度，老板的格局代表了企业的格局。

再小的人物，也有自己的 IP。每一位老板，都有自己的个人特点，都有自己的 IP 属性。老板是企业最好的代言人。老板作为企业的领头人，在招商工作中，要成为第一招商人。要有头部 IP 思维，即老板 IP 思维，要充分发挥老板的 IP 光环效应，为招商服务。

什么是老板 IP？众所周知，个人 IP 即个人品牌。个人 IP 就是指个体在特定领域内所积累的知识、经验、技能等无形资产的总和。

明白了个人 IP 的定义，也就能很好地知道什么是老板 IP。老板 IP 也就是老板个人的 IP 品牌。它代表着老板在某个领域的影响力和知名度，代表着老板在行业内、公众心中的形象、声誉和知名度。老板 IP 可以是一种信任、一种影响力、一种吸引流量，以及具有转化价值的超级杠杆。老板 IP 可以通过老板形象、风格、专业知识等多方面来体现。

成功招商的三个阶段：客户了解阶段、客户信任阶段、客户成交阶段。让客户从第一阶段走到第三阶段，成功招商也就不再是难事。

实现成功招商，重点是让客商通过老板 IP 了解品牌、信任品牌、成交品牌。这就是招商的头部 IP 思维。

相比于企业品牌的塑造，老板 IP 的塑造渠道和方式具有多样性和便捷性。另外，对于一些中小企业来讲，公众消费者与行业领域的人，基本先认人，再认企业。这也就意味着，老板本身也就是企业的代言人。

有了老板 IP，企业依赖老板 IP，能够有效塑造品牌个性和知名度；成功的老板 IP 具有行业洞察力、自我个性魅力、用户互动能力和内容创作能力，通过老板展现自我能力、建立信任的过程，更好地增强品牌与客商之间的联系。

招商实现头部 IP 思维，关键在于老板 IP 的打造。

1. 做好老板 IP 定位

打造老板 IP，首先要做好老板 IP 定位。关于老板 IP 的打造，做定位一定要符合老板本身真实的样子。要想清楚我是谁，我是做什么的，我的目标用户是谁，我能帮他们解决什么痛点等。而且，定位越细分越好。因为越是垂直细分领域，竞争越小，而且越容易吸引更多精准用户和流量。

2. 打造个人人设

每个人都有自己的形象和特点。打造老板 IP，就需要结合老板的真实形象和特点，打造更加符合其个性的 IP 形象。需要注意的是，打造个人人设的时候，一定要注意形象、性格的真实性，使得人设更加鲜明、饱满，充满吸引力。

3. 故事塑造老板 IP

每一个老板从创业开始，都一定有很多挫折和经历，都是有故事的人。老板的创业故事可以为老板 IP 服务。但需要注意的是，不是所有的个人经历都能作为打造老板 IP 的故事。那些太过高大上的故事难以打动大众，实现共情，不能在大众当中快速传播。那些刻意编造的故事，远不如通过讲述自己真实的故事来得自然生动。所以，打造老板 IP，一定要是原型化，能够表达人性最基本的成长、关爱、安全感等方面的故事，而不只是一个成功学故事。这样塑造的老板 IP，更容易让人通过一个真实、生动的故事，让人刻入脑海，形成记忆。

> 比如：认养一头牛的创始人徐晓波，为了打造自己的老板 IP 形象，通过个人经历，向大众讲述了一个自己对生产放心牛奶执着的故事。这样的故事站在消费者的立场上，为消费者的安全饮食考虑，让消费者产生强烈的情感共鸣。在提升老板 IP 信任度的基础上，增强了大众对品牌的信任。

4. 价值内容刻画专业形象

如今，各种内容传播平台层出不穷，图文、短视频、直播等相关平台成为人们内容输出的主要形式。通过发布受众喜欢的价值内容和话题，能够很好地挑起受众的情绪点，给受众带来实实在在的帮助。这样更容易塑造老板在某一领域专家的 IP 形象。

俗话说：火车跑得快，全靠车头带。企业招商成功与否，很大程度上取决于企业老板的招商思维。一个老板，如果只关注产品研发和生产，不懂得充分发挥自身优势，忽略招商工作的参与和推进，再好的产品也会导致市场覆盖有限，也难以吸引优质的加盟商或合作伙伴。有了优质的老板 IP 赋能，在老板 IP 光环效应的推动下，招商工作做起来也会容易很多，招商效果也会因为老板 IP 而有所提升。

合作共赢思维：多点集结，协同作战

招商是企业快速变现的一种重要渠道。正确的招商思维模式才是企业赢得可持续发展的王道。

在当前这个竞争白热化的时代，传统单打独斗的思维模式已经不再适应当下市场发展的现状。企业需要运用各种资源和能力来应对挑战。招商可以通过与其他企业或组织合作的机会，实现资源互补、优势互补，发挥1+1>2的聚合优势，有效提高招商效率和成功率。

合作共赢思维，既可以使企业招商事半功倍，同时还能分散招商相关风险。另外，在多方合作下，企业可以整合各方资源，形成强大的竞争力，帮助各个合作方实现共赢。

1. 选择最优合作伙伴

合作共赢思维下，招商企业重在选择合适的联合伙伴。

（1）互补性

联合式招商，在选择联合伙伴时，选择能够互补的技术、资源和经验等，确保提高联合式招商的综合竞争力。

（2）关联性

在选择联合伙伴时，还需要寻找与自己业务相关联的企业。比如，上下游企业，彼此相关联，但并不存在竞争性。

（3）信誉度

合作伙伴的信誉度会影响招商成功与否。在寻找联合伙伴的时候，应当对其口碑和信誉度做综合考虑。

2. 制定合作招商方案

找到优质合作伙伴之后，接下来的重点工作就是制定合作招商方案，以便招商方案的进一步实施。

第一步：明确联合招商目的

多方企业共同合作联合招商，目的是实现资源共享、互利共赢。在开展招商活动之前，在考虑各方利益诉求、确保各方合作中能够获益的基础上，先确定招商目标，保证招商工作围绕实现招商目标去做。

第二步：构建招商平台

开展招商工作,平台很重要。这是各方企业之间合作和沟通的平台。这个平台可以是线上,也可以是线下,重点是要通过这个平台向外发布各种合作信息、资源共享信息,以及项目推进信息等。有了这个平台,各方合作企业之间沟通更加畅通,合作也更加透明化。

第三步:制定联合招商策略

在多方合作招商的过程中,制定相应的招商策略是必需的环节。这里的招商策略包含确定合作的重点领域、合作模式、目标客户群体等。有了明确的招商策略,合作各方能够更好地明确自己的合作方向,合作招商效果才会更加显著。

第四步:建设联合招商团队

招商活动的有序推进,除了招商策略之外,还需要专业的团队来执行。加强联合招商团队的建设,包括人员的选拔、培训、激励制度等的建立。这些都是联合招商工作有序、顺利进行的前提。

第五步:完善联合招商机制

合作招商,制定联合招商机制必不可少。一方面,可以保障合作各方的利益,另一方面可以监督合作各方行为的合法合规。有效避免联合招商的过程中出现纠纷,保障招商工作的顺利进行。

第六步:建立招商评估机制

每一次招商结束后,都需要对本次招商活动的开展情况做一个经验总结,并对本次招商成果进行评估。发现问题可以及时优化,为之后的合作招商工作提供参考。

他山之石,可以攻玉。企业招商,运用合作共赢思维是一种智慧。基于这种思维,招商企业从单一的竞争转向更为广阔的共赢。这个过程中,不仅能通过资源共享,学习到他人的成功经验,还能通过合作找到新的增长点。对于企业招商来讲,无疑是一条快速通往成功的捷径。

整合资源思维：用别人的资源赚自己的钱

很多企业招商成果差强人意，是因为输在了资源短缺上。那些真正的招商高手，都十分善于整合别人的资源，赚自己的钱。

招商，永远不要让自己的思维受限。这个世界能阻止一个人实现财富自由的，只有自己的思维。企业招商，同样是这个道理。自己没有资源不要紧，要紧的是有一个能够将自己所缺资源整合过来为己所用的思维。

什么是资源整合？我的理解是，企业对于不同来源、不同内容的资源进行识别与选择，然后进行汲取和配置，激活和有机融合，使这些资源具有较强的系统性和价值性，并创造出新的资源，为企业自身发展服务。

在招商过程中，融入资源整合思维，可以让招商工作变得顺利很多，效率也会提升很多。

资源整合，其实是一项"大工程"，是多方资源聚合的过程，包括人力、物力、财力多方面资源的整合。

1. 人力资源的整合

这里的人力资源，可以理解为人脉资源。在招商的过程中，人脉资源是第一资源。很多企业在产品上市后，就急于大肆宣传，希望能吸引客商主动上门。它们忽视了一个重要的因素，就是人脉资源。

这个时代，最珍贵的就是人脉。人脉也是成事的利器，是成功的基石。你的人脉越广，人际关系越好，能够获得的机遇也就越多。可以说，人脉是一种有效的隐性投资。整合的人脉资源，看似当下没有带来利益，但往长远去看，在未来的某个时间段其发挥的价值必然会显现。整合人脉资源，不能只看重与自己行业相关的人，行业之外的人，也许会在某个时候有了用武之地。平时要多注重人脉的积攒及维护，关键时候，这些人脉资源才能大放异彩。

2. 物力资源的整合

招商过程中，需要很多物力资源做支撑。物力就是物资，除了产品之外，还有很多招商会场所需的物资，如灯光、音响设备、会场布置等。物力资源的整合，分为内部物力资源整合和外部物力资源整合两部分。

内部物力资源，即企业内部资源。通过有效整合和优化内部资源配置，提升资源利用率。如建立内部资源共性平台，促进不同部门之间的资源流动与协同，大家共同通力合作，保障招商工作的顺利进行。

外部物力资源，即企业外部资源。积极寻求与外部合作伙伴的资源互补与共享。比如，与行业相关专业机构等建立合作关系，获得更多的物力资源的支持。

3. 信息资源的整合

互联网时代就是一个信息时代。相对于以往，互联网的出现，促进了信息的传播与交流，使得人们获得信息和发布信息变得更加自由和便捷。在这个基础上，也很好地解决了以往信息不对称的问题。信息不对称，也是很多企业招商失败的原因之一。信息不对称，就会导致企业难以对市场需求做出准确的判断，导致招商目标规划不当，招商工作走向错误的方向。

为了解决这个问题，很多企业会专门构建一个信息资源管理系统，收集经营过程中的各种内部和外部相关信息，并对信息进行筛选和分析，更深层次挖掘价值信息，然后将这些价值信息加以整合，转化为新的信息，为开展招商活动服务。

4. 渠道资源的整合

渠道资源是招商的"咽喉"，是产品通向经销商的必需路径。有效利用渠道资源，对企业成功招商起到极大促进作用，反之则会给企业带来极大的损失。

企业招商，渠道资源的整合，也是一个最重要的考量因素。招商企业可以以经销商为核心，建立分销体系。同时，物流等相关环节也应当保证畅通无阻，确保产品以正确的数量、正确的时间、正确的地点送达经销商手中。

总之，招商本身就是将各种资源聚合并加以充分利用的一项工作。如果能将整合资源思维运用得当、到位，则会助力企业成功招商。

利他达己思维：懂得利他才能成就自己

在绝大多数人看来，做生意就是为了赚钱。但很多人为了赚钱，一心只想着自己的利益，缺乏利他思维。

利他思维，并不是不考虑自己的利益，只注重他人利益。利他思维是指在处理自己和他人的关系时，不仅考虑自己的利益，还兼顾他人的利益，最终通过帮助他人，自己也从中获利的思维方式。其实，我认为将这种思维方式，称之为"利他达己思维"更为贴切。

利他达己思维，本质上是通过在尽可能照顾他人利益的基础上，为自己赢得更多的利益。这是一种极具智慧的思维模式。

招商的目的就是把外部的客商和资金引进来，通过外部客商和外部资金借帆出海，借梯上楼，最终成就自己，使自己的生意更上一层楼。

如果招商企业只为了自己的利益，对商户的发展不管不顾，不但给商户带来经济损失，而且给招商企业本身的声誉也带来了不好的影响。后续企业在发展过程中必定会更加艰难。

如果在招商的过程中，能用利他达己思维助商户取得成功并赚到钱，那么外部商户必然愿意与我们建立长久的合作关系，实现共赢。

在招商过程中，如果能够运用好这种利他达己思维，可以说将招商工作做到了最高境界。

1. 了解商户需求

在招商之前，充分了解商户需求和目标，是极为关键的一步。通过与商户的沟通和深入了解，更好地明确商户需求，并为其提供个性化解决方案。这样有针对性的方案，其实就是为商户量身定制的方案，能更加有效地解决商户需求。

2. 提供优质服务

在将商户引进来之后，并不意味着整个招商工作已经完全结束。恰恰相反，此时招商工作才刚刚开始。在商户加入之后，确保给他们提供最优解决方案和优质服务。通过为他们提供经验传授和实际指导，帮助他们提升经营能力和赚钱能力。

3. 持续跟踪和优化

商户的经营在走上正轨之后，并不代表对商户的关怀和帮助就画上了圆满的句号。与商户保持密切联系与合作，持续跟踪商户的经营情况，并提供有针对性的优化建议，也是必做环节。通过定期收集商户的经营数据，做好市场调研工作，帮助商户及时发现问题，找到新的商机，助力商户向着更好的方向发展。

做生意，有舍有得，才是大智慧。你前期付出的一切，都会在后期从其他方面得到补偿。这是事物发展的必然规律。生意场上，本身就是一种利益交换，不懂得付出，不懂得利他，怎么会有达己的结果。舍得投入和付出，才能收获更多的意外和惊喜。

所以，把商户招进来并不是招商的最终目的，更重要的是与商户建立长期、稳定的合作关系。满足商户需求，帮助商户解决问题，提供有意义的服务，帮助商户实现盈利，取得理想的经济效益，才是赢得商户追随和持续合作的关键。

"外脑"协助思维：借助外部力量达成招商目标

任何时候，一个人的智慧是有限的，一群人的智慧是无限的。想要将个人有限的智慧扩大到无限的状态，就需要借助外部力量出谋划策，达成最终目标。

这就如同盖房子，一个人绘图、测量、一块块砖砌墙，而另一个人在众人专业的指导下盖房子，谁盖的房子又快又好，品质又高，答案显而易见。

招商是一件事无巨细、需要面面俱到的工作，诸般事宜都需要依靠大脑决策。整个招商过程，所有事宜由招商企业全部去操作，很有可能会有所疏漏以及考虑不周的地方。尤其是那些初次开展招商活动的企业，对招商工作不是十分了解，一步考虑失误、操作不当，很可能会让招商工作以失败告终。有了外部力量的帮扶，招商工作做起来会容易很多，成功概率也会得到显著提升。

如果把企业内部决策看作是"内脑"，那么向外部寻求帮助则相当于"外脑"。这就是成功招商的另一必备思维——"外脑"协助思维。

这些外部协助力量，可以由专家、智囊团、顾问等组成"头脑公司"。招商企业向"外脑"寻求帮助，等同于放大了决策者的智力。所有企业招商能够取得成功，都离不开一个看得见或看不见的智囊团。

对于那些感觉招商难，却不知道该如何成功招商的企业而言，拥有一个强有力的"外脑"协助，非常关键，能够让招商成功率达到最大化。

如果说企业招商成功与否还有一定的"运气"成分，那么选择适合自己的"外脑"协助自己做招商工作，就不能再寄希望于运气。因为后期的结果会为前期的选择买单。"外脑"选得好，后期的招商结果也不会差到哪里去。在"外脑"的协助下，从如何开展招商活动，到如何结束招商活动，每个环节、每个动作都会清晰化、高效化。

那么究竟该如何选择"外脑"呢？我认为最起码需要具备以下几个条件。

1. 是否具备专业能力

一个优秀的智囊团或招商顾问，应当具备深厚的行业背景、丰富的招商经验和创新的解决方案。企业可以通过调查该智囊团的历史业绩、客户评价，以及过往服务案例，判断其能力与专业水平的高低，评估其真实实力是否能胜任企业的招商工作，并将招商工作做得出彩。

2. 是否与企业所需相匹配

对于这家机构其成员的能力、专长是否与企业所需的专业知识和技能相符，也是一个重点考量因素。术业有专攻，专业的人做专业的事情，成功的概率更大。

3. 是否有过招商经历

所谓"吃一堑，长一智"。只有经历过，才能让自己的智慧更上一个台阶。很多时候，智慧是经验和教训换来的。在寻找智囊团作为合作伙伴时，应当寻找具有招商经历的团队。

4. 是否从事过招商辅导工作

从事过相关招商辅导工作的智囊团，往往知道如何才能够将招商路走得更加顺畅，而不至于走弯路。企业在招商的时候，这类智囊团会给予很多的指导意见和建议。

5. 是否对招商有一定的研究

对招商工作具有一定研究的智囊团，往往堪比专家，他们对于招商模式、路径、方法、技巧等方面有很多含金量很高的见地。

6. 是否具有沟通与合作的契合度

良好的沟通是确保双方合作顺畅的基础，也能很好地减少误解和冲突。如果初期就出现沟通不畅的情况，那么这家机构要慎重选择，很有可能会对后续正式进入招商阶段带来影响和阻碍。

7. 是否为企业降本增效

找专业机构协助，不仅可以增加招商成功率，还能实现降本增效。如果选择的机构需要缴纳的服务费用，以及各项招商花销，远超过企业独自招商所需预算，那么这样的机构没有选择价值。通过一个合理的价格明细和明确的收费标准，可以做全面衡量，再加上综合考虑服务的长期价值和潜在收益，可以判断该机构的性价比，判断其是否具有可选性。

> 比如：一家服务公司虽然给出的服务报价较高，但综合其多年来的服务经验、服务水准，以及以往服务案例，给客户带来的惊人长效收益，这家公司是非常值得聘请来协助招商工作的。
>
> 正所谓"贵有贵的道理"。选择这样的公司来协助招商，物有所值。

8. 是否具有好的评价

社会评价很重要。在选择服务机构时，兼顾其在线上线下商业活动中所赢得的成就和知名度，判断其是否具有好的合作评价。具有良好口碑的服务机构，可以放心合作，为招商企业提供切实可行的指导和协助。

9. 是否对市场有应变思维

市场是一个不断变化的场所，受到技术进步、消费者需求变化、政策调整等多种因素的影响和共同作用，市场环境会不断发生变化。招商企业在选择服务机构时，还应当考察其思维能力是否达标。具体来讲，就是看其是否具备跳出固有思维局限的能力，以适应不断变化的市场需求。

第二篇

招商筹备篇

第三章

做好招商准备，
机会留给有准备的人

"机会总是留给有准备的人"，这是一个必然规律。聪明的人，都懂得事先做好准备，才能抓住机会。企业开展招商工作，要组织有方，谋定而后动。做好充分的准备工作必不可少。否则，有商业机会来临时，自己却毫无准备，只能追悔莫及。

心理准备：心态决定成败

招商是一件充满挑战的事情，其中会面临起伏不定的市场环境，也充满了很多不确定性。对于招商人员来讲，与经销商距离最近，在企业招商的过程中起着承上启下的作用。在招商之前，首要的就是要做好心理准备。心态决定招商的成败。拥有良好的心态才能应对各种突如其来的情况，把招商工作做到最好。

在招商过程中，任何情况都有可能在不经意间出现，打乱我们的招商计划。时刻做好迎接各种挑战的心理准备，时刻防范和做好预备措施，是着手去做招商必须迈出的第一步。

我认为，招商必须做好以下心理准备：

1. 接受不确定性

招商的过程中，虽然已经制定了招商计划和方案，但在真正进入招商阶段后，会因为各种因素的影响而充满不确定性。要明白，再周密的计划，也有无法预测的事情会突然出现。因此，招商要有接受不确定性的心理，随时做好应对准备。

2. 接受挫折与失败

很多企业招商怀着"暴富"心理，想着一口吃成胖子。但现实情况是，招商并没有想象的那么简单，各种挫折和失败，稍有不慎就会接踵而至。很多企业遇到挫折就灰心丧气，也不去做总结和改善，最后留下半拉子工程，直接导致亏损。

招商本身就是企业生意通往成功的有效路径，是对企业的一种磨砺。其中既有成功的欢乐，也有失败的酸楚。招商失败、遇到挫折是常有的事情。挫折和失败并不可怕，可怕的是中途放弃。遇到挫折和失败，我们应坚定信念，找到问题的症结，并想出解决办法，为接下来的招商工作注入动力。

3. 具备不断学习的心态

大海是由一条条小溪汇聚而成的，企业变大变强也是一次次学习积累而成的。企业招商，追逐盈利固然重要，但注重自我成长更加重要。每一次招商，其实都是一个学习和自我成长的过程。在这个过程中会遇到许多新的问题和挑战，关键是要摆好心态，保持一颗不断学习的心。对每一次招商，不论成功与否，都要反思和总结，不断学习新知识，提升自己的能力，才能在后续招商过程中少走弯路，加速成功。

4. 具备抗压心理

企业招商的过程中，会因为前期各方面的投入，以及能否达到招商目标而面临巨大的压力。这其实是一种抗压能力的考验。具有强抗压心理，即使在不利的情况下，也能克服外部和自身困难，坚持实现招商目标。

总之，在招商之前，企业领导者、招商人员都应当做好一系列的心理准备。具备以上心理准备，才能在充满挑战的招商路上取得成功。

市场调研：知己知彼，百战不殆

人们常说："商场如战场。"在这场没有硝烟的战场中，要想打胜仗，关键要对客商做到知己知彼，才能百战不殆。做市场调研，可以深入了解每一位潜在投资者的偏好，了解市场需求、竞争对手情况以及行业趋势，为招商方案的制定提供有力支持，为投资商提供更适合、更有价值的服务。

1. 市场调研内容

（1）产业调研

做产业调研，旨在全面了解特定产业的运行状况、发展趋势和市场环境等，目的是通过了解产业的发展现状、面临的挑战和机遇等，掌握行业动态，寻找适合的招商机会。

（2）投资环境调研

投资环境调研，是指影响投资者的外部因素，主要是了解本地区的投资政策、技术环境、金融政策等，为投资者提供全面的投资信息。

（3）投资者需求调研

对于投资者的需求与偏好，也需要提前做好充分的了解，便于后续为投资者制定服务标准，提供精准服务，以及与投资者达成一致的期望和合同。

（4）竞争对手情况调研

对竞争对手的情况做调研，主要是了解竞争对手的招商战略、市场动态等做调研，将竞争对手的招商优势作为自己的标杆加以学习，以便将招商工作做到最优化，效果实现最大化。

（5）行业趋势调研

市场经济的发展总是面临各种不确定性和变动，各行各业都需要不断调整自身战略，适应市场发展趋势。招商之前，对行业趋势做调研，分析并有效把握行业发展趋势，有助于提前做好应对策略，助力招商工作的进行能够顺应行业发展趋势。

2. 市场调研方法

（1）询问法

询问法其实是一种最简单、最直接的调研方法，主要是以当面、电话或问卷调查的方式做调查，以获得所需要的信息。

（2）观察法

观察法是通过观察的方式收集想要的价值资料。这种方法最大的特点就是直观性与客观性较强，而且易于操作。

（3）座谈法

座谈法，顾名思义就是通过一位组织者做引导，召集相关招商人员加入座谈会，大家彼此畅所欲言，在有力的数据佐证的基础上发表自己的看法并相互分析、讨论，最终得出相应的调查结果。

（4）实验法

实验法就是通过已有数据的变化情况，推断出数据未来走向和趋势。这种调研方法的特点是科学的方法、严谨的数据分析能保证调查结果的较高准确性和可信度。

市场调研是招商工作开展的先行步骤，能帮助企业规避因不了解各方面信息而导致的风险，更在于它能为企业提供宝贵的商业洞察，帮助招商企业快速掌握市场先机，制定出更加科学、高效的招商策略。

会场选址：好的选址让成功率翻倍

招商工作不是轰轰烈烈走过场，更需要注重细节。招商会场选址，看似简单轻松，实则是决定招商成功与否的第一要素。招商会场选址选得好，成功率才能有所提高。

这里以展会式招商为例，在招商之前，通常会选择一些宽敞、明亮的场所，如酒店、大型会议场所等作为会场。对于招商会场的选址，我认为必须满足以下几个硬性条件：

1. 交通便利

便利的交通可以为招商活动的举办者和参会者减少很多交通麻烦，要确保交通便捷、停车位充足。

2. 生活便捷

有的时候，招商会需要持续几天。在选址的时候，除了考虑交通问题之外，还需要考虑人们的食宿是否便捷的问题。

3. 场地规模

招商场地过大，造成浪费，还显得空旷；场地过小，太过拥挤，给人带来一种压抑感。要根据产品展示空间大小、预测参会人数的多少，以及预留活动空间的大小等来选择适合自己的场地规模。

4. 是否扰民

招商会本身是通过气势氛围的营造，达到招商目的。招商过程中，由于各种音响设备的使用，必定会有较大的声音。不能为了招商而不关心对他人的影响。在选址的时候，要考察酒店、会议场所四周是否会给居民生活造成困扰。

5. 基础设施

招商会的顺利进行，需要具备良好的基础设施条件，如投影仪、大屏幕、白板、音响设备、网络等。这些设施是保证招商活动有效进行的基础。不同行业开展招商活动，对基础设施的要求有所不同。

> 比如，对于体育类产品的招商，因为有的产品个头较高，因此除了基本的硬件设施，如大屏、投影仪、网络等需求之外，还对会场高度有一定要求。

如果有的场地基础设施齐全，但并不适合我们所需，就需要考虑自己租赁或购买相关设备。

6. 场地知名度

会场不一定要特别上档次，但在当地一定要小有名气。有两个原因：第一，便于客商轻松找到；第二，有的时候，特别高的档次，反而会起到反作用。因为投资者越来越明白，羊毛出在羊身上的道理。过高的档次，会让他们产生疑惑，这样铺张浪费的企业，是否能真正兑现他们的服务承诺。

7. 会场性价比

在综合考虑以上条件之后，最后就要衡量性价比的高低。既要开源，也要节流。在招商预算范围内，选择最具性价比的会场。

选择适合的场地能确保招商活动取得最佳效果。以上这些细节因素，都是决定招商最后能否达成成交的基础。

会场布置：打造良好氛围，树立良好形象

招商会场的布置对现场成交有着非常重要的作用。舒适的会场，能够营造良好的招商氛围，为招商企业树立良好形象，还能提高参会者的参与度和招商活动的成功率。

招商会场该如何布置呢？抓住以下几点操作：

1. 环境舒适

招商会场是潜在客商最直观了解招商企业的地方。当潜在客商进入会场后，第一眼所看到的布置，将会直接影响他们对本次招商活动的印象和期待。

在布置会场时，首先要使会场整体环境舒适，温度适宜，不压抑，无噪音，光线充足，给人一种放松和愉悦感。

2. 突出主题

不同领域的招商活动，有不同的特点。在布置招商会场的时候，要根据活动的主题来设计。

> 比如，如果是科技类产品招商，会场布置可以选择未来感、科技感为主题的装饰元素，突出科技风；如果是婚庆类产品招商，会场布置应当以温馨的风格打造浪漫氛围……

总之，招商会场的布置，要突出招商企业的特点，注重功能性和专业性，以展示产品和吸引客商为主要目标，使得前来参加招商活动的客商能够更好地融入招商活动。

3. 色调协调

在布置会场的时候，要注重色调的搭配，对参会者心理情绪的影响。一般不要选择白色或红色的会场，在这样的环境里待时间长了会让人感觉烦躁。在选择装饰元素时，如鲜花、气球、彩带、灯光等，除了烘托和突出主题之外，还应保持色彩搭配的统一性、协调性，给整个会场带来舒适的视觉效果。

4. 文化长廊搭建

企业文化长廊是对企业品牌的最佳宣传阵地。在搭建文化长廊的时候，只需要将品牌宣传的相关产品堆头等摆放在会场入口的走廊处，宣传海报张贴在

会场入口的墙面上即可。

宣传海报，主要是对企业做一个简明扼要的介绍，让与会者更好地了解企业相关信息与实力。

产品堆头，在产品陈列的时候，要通过相应的摆放方式以最佳的视觉角度展现给与会人员，要让参会者一看就觉得很有视觉力，忍不住要多看几眼。此外，还要注意摆放的稳定性和技巧，通过文化长廊的布置，给与会人员带来一种强烈的视觉震撼感。

5. 舞台搭建

招商会场通常需要搭建一个舞台，便于主持人使用。

舞台搭建需要根据会场规模来定。如果是百人以下的招商会场，一个普通的站台即可。通常，一般的酒店或会议厅都自带舞台，这样的舞台足够使用。

如果是几百甚至上千规模的招商会场，就需要自建舞台，要选择适当的高度，以便后排的与会者也能看到主持人。在舞台的搭建方面，我通常会选择T型台，因为舞台只能看到前面的观众，T台能近距离接触更多的观众。这样的T型舞台便于主持人来回走动，走近更多的与会人员，方便主持人更好地互动，带动更多人的激情，避免后排因看不清主持人、无法互动而导致参与意愿不高的情况出现。

6. 座位安排

来参加招商会的潜在客商会很多，在座位的安排上，也应当有所讲究。

首先，要根据参会人员的身份和职位安排座位顺序，要确保更有实力的客商坐在显眼且靠前的位置。

其次，可以结合不同的座位布置模式。在这里我推荐一种我自己总结和研究出来的座位安排方式，就是"课桌式"。

"课桌式"其实很好理解，就是像学生上课一样摆放桌子和座位。每人一个小桌子，一排一排地排列。这种座位安排模式下，听众只能左右交流，前后交头接耳非常不便，十分利于听众认真听主持人宣讲。因此，这种座位安排方式更加适合招商使用。且在与会人员数量一定的情况下，与"岛屿式"相比，"课桌式"有效提升了会场面积的利用率。

"岛屿式"座位，通常是一张长方形或椭圆形桌子，两边各放三把椅子，朝向舞台的一边不放椅子，另一边放两把椅子。"岛屿式"座位布置方式更加便于听众之间彼此交流，一般用于分组讨论式会议。每一张桌子，就是一个小组。

7. 显示屏搭建

招商会场还需要搭建一个高清的LED显示屏，保证会场的整体视觉感受。

对于小规模会场，使用普通尺寸的 LED 显示屏即可。对于人数规模较大的会场，一定要选择与会场规模相适应尺寸的 LED 显示屏。而且要保证屏幕的分辨率要高，足够清晰，给参加招商活动的潜在客商带来一场视觉盛宴。

8. 音响设备布置

通常，在酒店或会议厅都会配有音响设备。但有的时候音响师对已有音响设备不太了解，需要花时间研究，在招商的过程中也可能会存在操作失误的风险，不利于招商工作的顺利开展。

另外，一般酒店的音响设备只符合一般的会议使用，通常只在场地前面或者后面布置，不适合招商会使用。

所以，我建议招商企业自带设备。到了会场之后，首先做好音响设备的布置，然后再做一个声音测试。

好的音响设备，再加上科学、合理地布局，听众无论在哪个位置都会有很好的听觉效果。如果布局上不合理，会让前排的人感觉震耳欲聋，后排的人听得含糊不清，难以达到音乐煽情、主持人魅力传播的效果，进而影响招商的成交率。

> 我每次做招商活动的时候，都会自带专业的音响设备，而且在酒店的前后左右全都配备音响设备。确保会场无论多大，都能给每个位置的听众带来最好的听觉享受。

对音响设备提前做测试，能有效避免招商过程中出现失声事故；事先做好应急预案，能有效解决突然出现的设备故障问题。此外，还需要准备多个备用麦克风，以备不时之需。

9. 签到台和指示牌布置

签到台和指示牌的布置不容忽视。在会场入口处，要设置签到台，并摆放醒目的签到牌。另外，如果从入口到会场中心有较长的长廊要经过，且有拐弯处或岔路口，则需要摆放醒目的指示牌，可以让前来参加招商会的人员更加准确地找到会场所在位置。

一个精心布置的招商会场，能营造出恰到好处的招商氛围，能给与会者留下深刻印象，更有助于招商成功。在实际操作过程中，要根据企业所在行业以及自身情况，再结合场地特点进行灵活布置和创新尝试，相信这样打造出来的会场会更加出彩。

物料准备：事无巨细才能事半功倍

招商工作既要着眼大局，又要重视细节。招商物料不仅要全面展示企业的业务优势和合作潜力，还要能有效说服潜在投资者加入合作。物料准备做到事无巨细，招商工作才能事半功倍。

在招商过程中，需要用到的物料有很多。

1. 企业简介或宣传册

招商最关键的就是让更多的潜在投资者人认识自己、了解自己。企业简介或宣传册是招商过程中需要的最基本物料之一。通常包括企业背景信息、业务范围、市场定位、产品或服务优势、未来发展规划、过往业绩、曾获奖项、代理商案例等宣传信息。总之，企业简介或宣传册重在突出企业的核心竞争力和招商项目的投资亮点，以此吸引潜在客户与合作伙伴的注意。

2. 招商手册

招商手册，其实是针对潜在客户或加盟商，设计的包含大量数据信息和精炼介绍的一个文档，用来吸引潜在客户。其中包括行业分析、市场发展趋势、竞争对手分析、财务数据、盈利模式、回报数据等。招商手册不只是一个简单的信息罗列，而是要做系统规划。重点要通过这些数据信息将企业优势体现出来，使之跃然纸上，充分拨动潜在客户想要获利的心理，从而促成招商成功。

3. 商业计划书

商业计划书即项目计划书，主要是向潜在客户展示企业和项目状况，以及未来发展潜力，以便潜在客户对是否投资做出评判。一份好的商业计划书，通常包括项目背景、企业项目策划、经营环境与客户分析等。

在做商业计划书的时候，要注意：

（1）清晰、精简

准备商业计划书的时候，在确保展示重要内容的前提下，内容越清晰、精简越好。内容太过冗长，潜在客商看不完的概率会很高。尽可能少用文字，多用图表来表达想要阐述的内容。在排版设计上，要简单朴素，切忌太过花哨，喧宾夺主。

（2）重点突出

一份好的商业计划书，写得好坏并不在于字数多少。写得再多，内容含糊不清，也是白忙活。只要在重点内容和信息上下功夫，经过精心打磨之后，才更能深入潜在客商的心。

4. 营销资料

对于招商企业而言，塑造良好的企业形象和信誉，也是一种很好的自我营销手段。招商营销资料就是为了让潜在客商了解企业的市场表现和品牌力量。营销资料包括产品样本、营销广告、营销活动等，以此展示企业通过什么样的营销策略成功将自己的产品销售出去。

5. 自媒体演示

很多时候，需要向招商活动的参与者做企业介绍、产品或服务介绍、客户见证等，这时就需要用到多媒体做演示。通常以视频或PPT的形式向受众做展示。使用多媒体演示，能够通过图文声像的形式，给受众更加直观、生动的视听刺激，对招商企业、产品或服务有更好的认知。

需要注意的是，自媒体演示内容时间不宜太长，要突出重点，最好有字幕和配音，前后要注意连贯性和逻辑性。

6. 问题解答文档

准备一份问题解答文档也是十分有必要的。这份文档内容主要是针对潜在客商可能关心的问题给出相应的解答。有了这份文档，就能快速解决潜在客商存在的疑虑，增加其成交的可能性。

7. 法律文件与合同草案

招商过程中，还会用到相关法律文件与合同草案，以便于向潜在客商展示合作条款和条件。这些文件和草案，应当交由专门的法律部门或法律专家做审核与把关，明确规定交易双方的权利、义务和责任，确保文件和草案的合法性与实用性，不能有任何纰漏。

8. 会议物料

招商活动中，还需要用到很多相关物料，如名片、招商议程、演讲稿、展架、展台、横幅、礼品、资料袋、POS机、收款账号等。这些物料看似琐碎，却不可或缺，都需要事先做好准备。

正所谓"兵马未动，粮草先行"。作战之前，先准备好充足的粮草，打起仗来才能更好地攻城略地。以上这些物料，都是招商过程中需要用到的东西，提前做好准备，才能使得招商工作做到有的放矢。

制定方案：好的招商方案是通往成功的直通车

招商工作的有序开展，离不开招商方案的引导。招商方案能够有效推进招商工作的高效进行，提高招商的成功率。可以说，好的招商方案是招商工作通往成功的直通车。

制定招商方案的时候，需要包含以下几个方面：

1. 明确招商的具体目标

招商目标是招商工作的指路明灯。招商目标根据企业需求来定，可以是为了扩大市场份额、提升品牌知名度、增加产品销量，也可以是为了吸引高质量合作伙伴加入，从而提升企业自身竞争力。不论招商目标是什么，一定要具体且可衡量，要有可执行性，并且要根据市场变化做出应对和灵活调整。

2. 确定招商渠道

互联网、移动互联网的普及，使得招商渠道呈现出多元化特点。企业招商，灵活运用线上线下渠道，让产品或服务触达更多的客商群体，是企业吸引更多潜在客商的有效途径。

3. 设计招商模式

根据企业自身特点和定位，选择适合自己的招商模式。不论何种模式，能为招商服务，能为企业带来成效的模式，都是好模式。另外，不同的招商模式可以同时使用，以达到招商成效的最大化。

4. 设计招商营销方案

招商的本质，其实就是大规模快速实现产品和服务的销售。营销方案的目的就是要吸引和激发潜在客商的购买欲望，推动企业的发展。在设计招商营销方案的时候，除了创意之外，更要以提升客商满意度为主。

招商促销方案应当包括：根据成本和市场需求制定的产品或服务价格；具有吸引力的促销活动，如折扣、优惠；品牌宣传广告；完善的客户关系管理系统等。

5. 设计招商策划

设计招商策划，为的就是通过有效的招商手段和策略，达到提升企业品牌知名度和产品曝光度的目的。可以通过与潜在客商的互动、产品或服务体验来吸引他们的关注，提升他们对企业品牌和产品或服务的好感度。

6. 制定招商政策

诱人的招商政策，可以吸引众多客商成为企业的合作伙伴，更是客商愿意与企业建立长期合作关系的重要原因之一。在制定招商政策时，可以从价格优势、返点优势、奖励优势等方面入手，让潜在客商看到企业满满的诚意。另外，还需要设立明确的合同条款，确保双方的合法权益。

7. 定位合作伙伴

合作伙伴选得好，企业才能快速发展和壮大。招商企业应当根据市场调研数据，做详细地分析，筛选出最适合自己的客商作为合作伙伴。重点从客商的潜力、匹配度、影响力、业务实力等几个方面去考量。

8. 组建招商团队

优秀的招商团队是企业成功招商的基石。组建一支优秀的招商团队，要用心选拔，从专业知识、销售经验、随机应变能力、敏锐的市场洞察能力等多方面综合考察。之后还需要明确团队目标与分工，建立沟通机制以及合理的管理制度、团队文化等，确保招商团队更具凝聚力和执行力，能够积极应对招商工作中的各种挑战。

9. 设计招商流程

好的招商流程，能够确保企业在招商过程中明确每个阶段的工作任务和职责、目标、进度等，保证招商工作的高效、高质量完成，减少不必要的延误。

这里我总结了一套完整的招商流程。

第一步，破冰启动（在招商前与潜在客商接触，建立良好印象和信任）。

第二步，会前准备（在正式开展招商会之前，做好各项必要的准备工作，确保招商工作有序进行）。

第三步，会销演说（通过精彩演说，让潜在客商更好地了解企业、产品和服务，吸引其加盟兴趣，进而产生合作欲望）。

第四步，客户筛选（对于有合作意向的客户，还需要对其进行筛选。那些有潜力、业务能力强的客商是最佳选择目标）。

第五步，洽谈签约（洽谈环节是招商过程中的重中之重。需要充分发挥洽谈技巧和有效话术，达成共识，说服对方加速签约）。

第六步，晒单唱单（成功签约后，通过晒单唱单，让更多的潜在客商见证企业实力，增强潜在客商的积极合作意愿）。

第七步，养商护商（为了维护客商关系，为了提升企业口碑，养商护商工作必不可少。通过对客商做业务跟进，为客商提供各种服务，帮助客商快速拓展市场，走上正轨）。

成功招商离不开科学有效的招商方案。在实际操作中,企业需要根据市场变化情况和客商需求,灵活调整招商方案,确保招商方案的可行性,以及招商工作的可持续性。

制定预算：花小钱办大事

在这个"酒香也怕巷子深"的年代，企业做一场招商活动，需要花费的地方有很多，比如会场租赁费、会场布置费用、人员成本费用、餐饮住宿费用、营销推广费用等。以此把企业品牌、产品和服务优秀的一面展示给潜在客商，给潜在客商留下美好的印象。

但这些款项众多，每一笔款项都要提前做一个详细的统筹安排，尽量做到花小钱办大事。因此，制定招商预算尤为重要。

1. 招商预算内容

招商预算是为实现招商目标而制定的一项财务计划，包含很多方面，在统筹规划的过程中，每一项都不容忽视。

（1）品牌宣传预算

招商过程中，少不了做品牌宣传，以此提升品牌知名度和影响力。品牌宣传过程中，各种广告投放、宣传海报等的开销，都需要做好预算。

（2）市场促销预算

做市场促销，是为了通过各种促销活动吸引潜在客商积极成交。所以，各种促销手段，如打折促销、赠品促销、奖励促销等支出，也是一笔不小的成本。

（3）招商费用预算

招商过程中，产生的一切费用，如招商人员工资、绩效奖金、培训费用，以及展会费用，如租赁费、餐食费、住宿费、物料费等，这些支出也都要做好预算工作。

2. 招商预算建议

做招商预算，并没有想象中的那么简单，需要关注的地方有很多。

（1）市场调研提供依据

对整个市场情况做调研是制定招商预算的基础。对整个行业趋势、竞争对手情况、目标客商需求等进行充分了解，有助于预测产品或服务在市场中的接受度，以此作为制定招商预算的依据。

（2）全面做成本分析

要充分明确各项招商成本，并做全面成本分析，包括品牌宣传成本、市场促销成本、招商过程中所需的各项成本。这样做，有助于预算的精准度，避免超支。

（3）灵活调整预算

招商过程中会出现很多不确定性和各种变化，制定预算要有一定的灵活性。在遇到突发情况的时候，要灵活调整，预留储备金，确保招商活动的顺利进行。

启动一场招商活动，需要提前做好招商预算，后续开展招商工作才能做到按需执行，逐步推进，取得想要的理想结果。

风险评估：做好风控，提升招商成功率

招商工作即使考虑得再周全，也会存在不可预估的风险。有来自客商的风险，也有来自其他方面的风险，如信息不对称、市场波动、政策变化等。做好风险评估，可以让我们提前做好风控预案，保证招商成功率。

1. 招商风险识别

招商过程中，可能存在的风险有很多，需要我们去有效识别。通常，存在的风险包括以下几个方面：

（1）企业管理风险

企业管理层面，招商团队成员的专业能力、管理经验与合作精神，以及道德规范中都存在潜在风险。这些风险直接导致整个招商工作紊乱，无法正常运作。

> 比如：有的招商人员，虽然专业能力很强，但缺乏合作精神，难以与团队成员相互协作；有的招商人员会滥用职权，私自挪用招商资金、谋取利益等。

（2）市场风险

市场风险主要是针对市场波动、通货膨胀等相关因素，直接影响企业的市场竞争力。

（3）技术风险

有的招商项目涉及相关技术的使用。这就要关注是否存在技术风险，包括技术的成熟度、可靠性，以及技术进步可能导致原有技术需要不断更新和升级而带来的成本风险等。

（4）政策风险

国家调控下，相关政策是会发生变动的，这可能对招商企业的项目产生不利影响。

（5）法律风险

有关法律的文件、合同、协议等一定要及时审查，确保合法性与完备性，否则会给招商企业带来法律纠纷和诉讼风险。

（6）客商风险

有的时候，对客商筛选可能存在一定的疏忽，客商的资金实力、风险承受能力等，都可能为招商工作带来一定的风险。

2. 招商风险评估技巧

招商风险评估等级一般分为高风险、中风险、低风险三个档。那么如何做好风险评估呢？这里分享几个风险评估步骤。

第一步：明确评估目标

做招商风险评估，首先要明确评估目标，包括项目的可行性、项目风险水平等。要确保评估的目的性。

第二步：收集相关信息

做评估，离不开相关信息做基础。可以通过市场调研的方式或者对类似项目历史数据收集相关信息，而且这些信息能够涵盖所有可能给招商带来风险的因素。

第三步：识别风险因素

给招商带来风险的因素有很多，如管理风险、市场风险、政策风险、技术风险、法律风险、客商风险等，要对导致招商风险的因素进行准确识别，以便更好地评估招商风险等级。

第四步：风险因素分析

在识别风险因素之后，就可以对这些风险因素进行分析，评估每个风险因素发生的概率，以及对招商成败的影响程度。之后再进一步建立风险预警机制，及时发现，并防止防线扩大和蔓延；制定相应的风险控制措施，建立完善的风险管理制度，降低招商过程中可能带来的损失。

总之，风险评估为招商活动的成功开展提供了科学决策依据，能有效促进招商工作的精细化管理，提升招商企业的抗风险能力，为招商活动的顺利进行和取得良好的招商成果做有力保障。

第四章

组建高效团队，
打造精锐招商队伍

招商工作的高效进行，需要强有力的招商团队来推进。好的招商团队，有很强的向心力，能胜过千军万马。所以，企业想要通过招商活动创造出更大的市场份额，那么组建高效团队，打造精锐招商队伍，是招商工作的核心和重点。

组建优秀团队，实现招商成果最优化

企业通过开展招商活动实现扩张，必须要有一支优秀的招商团队齐心协力来完成。组建一支有激情、有策略、有战斗力的招商团队，共同发挥成员力量，共进共推，方可实现招商成果最优化。

1. 招商团队架构

一个完整的招商团队，在组建的时候，要明确职、权、责的限定，并据此来设计招商团队架构。

（1）决策机构

招商过程中，决策者是招商活动的中枢神经。决策者总揽全局，发号施令，对整体工作做规划，将工作下发给下一级机构，确保招商计划的执行和招商目标的达成。

（2）管理机构

管理机构根据整体招商战略，对招商工作做统一指导、部署、协调和监督。通常工作内容包括对招商工作做具体安排、指导招商实践、协调招商工作、对招商成果进行验收等。

（3）执行机构

执行机构就是对上级安排的各项工作负责实施和执行。执行力就是战斗力。在执行的过程中，充分发挥创新精神和协作精神，运用多样化手段，确保每项工作做到细致化，执行到位。

（4）信息机构

为了提高招商效率、优化招商质量，招商团队还需要一个强大的信息机构，收集、整理和筛选有价值的招商信息，建立信息库，为决策机构做出各项招商决策提供重要参考信息。

2. 招商团队组成角色和责任

招商团队由不同的角色组成，每个人又被赋予了不同的岗位职责，以便更好地协作和合作。

（1）招商总监

招商总监隶属于决策机构，其业务主要是对招商整体工作的把握和部署，做相关战略的拟定，对招商战术的落实做监督、指导、协调等；负责为招商工作制定各种计划、布置和安排各项工作有计划开展等。

（2）招商经理

招商经理隶属于管理机构。招商经理，在整个招商工作中起到一个承上启下的作用。

向上，负责完成招商总监安排的工作；要保持与招商总监之间的工作联络以及招商情况的汇报工作，整理招商数据并上交招商总监。

向下，主要负责对整体招商工作计划做任务分解，带领团队成员完成招商任务；负责对招商专员的业务培训，提高团队成员的工作能力和素养；负责对团队成员的业绩考核，调动团队成员工作积极性，增强团队成员凝聚力。

（3）招商专员

招商专员分为两种：

①招商运营专员

招商运营专员隶属于信息机构，主要负责完成招商经理下发的招商任务，积极开展市场调查、分析和预测，以及搜集相关客商资料，及时为商机提供有效的商业信息。

②招商会专员

招商会专员隶属于执行机构，主要根据招商流程和工作制度要求，开展日常招商工作；掌握市场动态，及时有效地扩宽招商渠道，开辟新的潜在客商；与目标客商做洽谈和对接；向招商经理汇报招商过程中存在的问题以及建议等。

（4）招商主讲专员

招商会除了台下的招商会专员之外，还有台上的主讲专员，他们主要负责招商会议台前的主持、演说，以及幕后的大屏幕、音响播放工作。

招商主讲专员隶属于执行机构，是整个招商会的核心输出者。换句话说，招商主讲专员就是出现在招商会舞台上的人，通常有主持人、讲师、助理等。

①主持人

招商主持人是招商活动的组织者和引导者，也是招商企业的形象代表。主要负责招商会的开场白、讲师介绍、嘉宾介绍、控制时间、引导互动、会场唱单等工作。

主持人需要具备以下素质：

首先，良好的个人形象。主持人可以说是招商企业的门面。主持人不要求必须美丽英俊，但一定要外表端庄、服饰造型得体，以提升招商企业的形象。

其次，清晰流畅表达。作为主持人，普通话要纯正，能够清晰、准确传达信息。还要具有良好的语言功底、轻松幽默的表达能力，为招商活动增添光彩。

再次，有亲和力。主持人的主要任务是缩短与台下潜在客商之间的距离，带动招商现场氛围，有强亲和力的主持人，更容易给人亲切感。

②讲师

招商讲师主要负责做品牌及产品介绍，以吸引潜在客商；对台下听众的咨询进行详细解答，消除潜在客商疑虑；当场拍板，达成现场成交等。

招商讲师应当具备以下素养：

第一，有专业的知识储备。讲师是企业与潜在客商之间建立信任关系的桥梁，直接关系到企业的形象，以及企业市场是否能够实现拓展。因此，招商讲师必须在产品、服务所涉及的领域有很强的专业知识储备，能对台下听众的疑问给出专业性的解答，确保能够有效地推广企业的产品和服务，吸引潜在客商。

第二，随机应变的能力。招商过程中，台下听众众多，会遇到各种各样的提问，甚至是刁钻的问题，讲师需要有足够多的招商经验和随机应变能力和场控能力，临危不乱，巧妙应对，轻松化解尴尬。

第三，具有较强的逻辑思维能力。作为一名招商讲师，说出的每一句话都要注意言辞，稍有不当，就会造成表述失误，让招商工作陷入困境。

第四，要有良好的口才。讲师看似在台上做演说，其实也是在履行一名销售人员的职责，在向台下听众推销自己的产品或服务，勾起他们的购买欲望，说服他们积极购买。因此，讲师需要有良好的口才。清晰、流畅的表达、严密的逻辑思维论述，以及能够吸引听众的演讲技巧，是对讲师最基本的要求。

③助理

招商会上，讲师助理主要是为讲师服务。助理分为三个类型：

第一类，道具师。道具师主要负责为讲师传递演讲道具，如演讲稿、激光笔、产品模型等，便于讲师在演讲时使用。

第二类，控屏师。在招商的过程中，舞台上有一块大屏幕以图文并茂的形式滚动播放相关内容，以确招商会达到最佳效果。控屏师主要负责大屏幕上内容的正常播放与切换，密切监控并及时调整屏幕显示，避免因为技术问题而影响招商活动的顺利进行。

第三类，音响师。在招商会上，还需要音响师与讲师完美配合。不同的背景音乐凭借其独特的节奏和旋律，创造出特定的氛围，能成功吸引台下参会人员的注意力。比如，签到的时候有签到背景音乐；主持人、主讲人上台有相应的上台音乐；介绍企业品牌、产品或服务的时候，根据品牌、产品或服务特点，配有相应的背景音乐；讲师要跟大家互动的时候，配有鼓掌音乐；中间休息的时候，播放催眠音乐，让大家放松下来；成交的时候要播放节奏感非常强的音乐等。可以说，一个讲师，如果没有音响师的完美配合，那么招商的结果和效果都会大打折扣。

（5）招商文员

招商文员隶属于执行机构。招商文员主要负责招商会所有员工的考勤工作；还需要做好各项招商物料的准备工作；招商会场的各种签到、登记、来电接听、文献资料的存档工作等。

（6）招商合同专员

招商合同专员隶属于执行机构。主要负责招商合同证件的准备、各类经济合同条款的制定；负责做好合同信息的录入与信息化管理；负责做好合同文本的存档等工作。

3. 优秀招商团队的组建标准

招商团队，既是代表招商企业的一张"名片"，又是招商过程中勇往直前的"战士"。一支优秀的招商团队，需要具备以下几个标准。

（1）有统一明确的团队目标

俗话说："志不同道不合，不相为谋。"目标一致，才能行为一致。一支优秀的招商团队，每一位成员心中都要有明确的团队目标。有了目标，也就有了行动的方向，在共同努力下，才能离招商目标越来越近。

（2）有共享精神

每一个成员，都是组成团队的一部分。每个人因为职务的不同，手中掌握的信息、资源、知识也有所不同。如果每个人都只以自我为中心，都牢握信息，就会形成一个信息孤岛，难以推进招商工作的有效进行。如果每个人都有共享精神，愿意把自己的信息、资源、知识分享给大家，共同为招商工作提出新思路和新方法，那么招商工作效率必定会有显著提升。

（3）要角色互补

没有完美的个人，只有完美的团队。优秀的招商团队中，每个人都有自己的特定角色，有自己的优势和潜能。各个成员之间形成角色互补，才能使整个团队更加和谐、高效工作。

（4）有共同的价值观

价值观是一个企业的灵魂，是维系组织生存和发展的精神支柱。一支优秀的招商团队，成员彼此价值观相同，大家才能心往一处想，劲往一处使，才能有共同的行为规范来约束彼此。

要想把事业做大、做强，就得靠一群人一起团结合作。正确组建团队，就相当于完成了招商80%的工作。一支精良的招商团队，每个成员目标一致、责任明确，才能为企业赢得更好的发展。

打造狼性团队，狠一点离成功才会更近

开展招商工作，打造一支优秀的招商团队，对促进招商提质增效必不可少。招商团队的每一位成员都需要一点狼性精神，像一匹狼一样去做招商。

狼在自然环境中，是一种十分有耐力和自控力的动物。它们善于合作和捕捉机会，懂得根据眼前局势判断是主动出击还是伺机而动。此外，狼还具有拥有敏锐的嗅觉、持续不断的狠劲，一旦明确目标，就会不达目的誓不罢休。这就是狼性精神。

如果每一位招商成员都具备狼性精神，就能组建一支强悍的招商团队。团队狠一点，才能离成功招商更进一步。

具体来讲，我认为优秀的招商团队，应当具备以下精神：

1. 目标导向，坚持到底

狼从来都不会懈怠，在狩猎的时候总是在不断重复寻找、发现、追求和获得这个过程。一旦明确了狩猎目标，就会不分昼夜去追逐，直到最后获得猎物。

招商是一件非常考验耐力和毅力的事情。在招商过程中，招商成员众多，如果每个人都按照自己的意愿和想法做事，不按既定的目标行事，招商必定难以取得想要的理想结果。

在招商前，组建招商团队，就应当让每位成员明白本次的招商目标。一旦设立了目标，每位成员就要用自己的激情和热情，朝着这一既定目标锲而不舍地坚持下去。不论过程多艰难，事情多么曲折，一旦开始了，就要坚持到底，不达目的誓不罢休。

2. 敢于冒险，敢闯敢拼

如今，市场竞争异常激烈，企业在夹缝中求生存，同样处于十分残酷的竞争环境当中。做招商工作，成功与失败并存。招商团队就要敢于尝试新模式，遇到困境敢于闯过一个个难关，并愿意承担风险来追求更大的回报。

3. 自信果断，乘胜追击

狼一旦发现眼前的机会，就会牢牢抓住，然后乘胜追击，捕获猎物。

在招商的过程中，也会有很多对招商有利的机会。具有狼性精神的团队，一看到机会来临，就会果断抓住它，并采取相应的行动，乘胜追击将机会充分利用起来，为招商服务，比如提供便利、提升招商效率等。

4. 不鸣则已，一鸣惊人

狼是一种非常聪明的动物，它们有一种"隐忍"精神。面对再诱惑的猎物，它们都会保持冷静，从不会盲目出击，而是紧跟猎物，并确保不会被察觉。当一步步靠近猎物后，就会慢慢等待时机。一旦确认是最佳时机，就会快速出击。

招商团队在工作中会遇到各种各样的客商，在与他们谈判的时候，是最考验招商人员的时候。对于客商的要求和谈判条件，招商团队在没有把握一举获得成功之前，得懂得"隐忍"自己的实力和底线，等到机遇来临时，不鸣则已，一鸣惊人。

5. 淬炼凝聚力，培养执行力

狼具有很强的团队合作精神，有很强的凝聚力。在面对眼前的困难和猎物时，能够同进同退，为了共同的目标一起努力向前。而且，狼群的纪律性是最严格的，所以它们的执行力也是最强的。

打造一支强悍的招商团队，就要全员心往一处聚，劲往一处使，相互支持，共同成长。一支具有超强凝聚力和执行力的团队，在招商过程中才能勇往直前，共同为实现团队目标而努力。

虽然人不是狼，但可以学习狼的精神，用狼性精神对招商团队进行培养和管理。将狼性精神融入招商团队当中，在每位团队成员的贡献下，招商工作必定无往不利。

建立沟通机制，促进团队协作

招商团队干得好不好，良好、有效的沟通机制很重要。不论上下级之间还是同事之间，工作都需要通过沟通来完成。良好的招商团队，需要良好的沟通机制，才能确保信息传递的准确性，促进团队成员之间相互协作，有效提高招商效率。

如何建立高效沟通机制？

1. 明确沟通渠道与工具

招商工作，对于信息传递的速度和准确性有很高的要求，速度就是商机，速度就是金钱。在数字化、网络化的今天，沟通渠道已经完全实现了多渠道化。与以往的面对面沟通相比，电话、微信、QQ等即时通信工具的出现，加快了人与人之间的交流速度，也提升了信息共享的效率。对于招商工作中，需要协商的重要事情需要面对面交流和沟通、及时给予响应的事情，现代化通信渠道具有极大的优势。招商团队可以根据实际情况，选择更加适合的沟通渠道。

2. 建立跨部门沟通机制

招商工作的出色完成，需要多个部门通力合作，任何一个部门缺一不可。招商团队需要建立沟通机制，促进各部门之间信息共享、问题讨论、意见达成等。这样有助于加强各部门之间的合作关系，提高整个团队的工作效率。

3. 营造开放式沟通氛围

招商团队的每一位成员都是为招商工作的开展而服务的。整个团队就是一个大家庭。在这个大家庭里，人人都可以自由表达观点、发表意见，彼此之间可以自由进行思想碰撞，带来更加广阔的视野和创新思维。在这样开放、尊重和充满包容的沟通氛围下，跨部门团队成员之间更加了解彼此的需求和困难，并提供有效的支持和帮助。

4. 定期召开团队会议

为了确保整个团队能够实现信息互通与共享，让整个团队能够随时了解招商工作的进展情况，以及在招商过程中遇到的问题，可以定期召开团队会议。首先，便于让大家聚在一起，提高团队成员之间的亲密度与合作意识。其次，每个人都有自己的发言机会，在会议上畅所欲言，共同制定解决方案。再次，在会议过程中，做会议记录，可以起到备忘和跟进的作用，保证招商工作沟通的连续性和及时性。

　　开展招商活动，需要每一位团队成员彼此配合，相互合作，达到最佳的招商效果。如果沟通不畅，就如血管栓塞，其后果可想而知。打造良好的沟通机制，就好比为团队成员搭建起一座桥梁，能让团队提高工作配合的默契度，让招商工作效率倍增。

岗前培训，实现潜能释放与突破

一支优秀的招商团队，并不是与生俱来的，而是经过后天培训得来的。表面上看，做岗前培训，企业需要在这上面花费不少的资金，但如果不做岗前培训，则难以释放团队成员潜能，则需要支付的成本更大。所以，企业必须要重视招商团队的岗前培训。

掌握有效的培训方法，才能有效提升团队成员的专业能力和知识水平，增强整个招商团队的执行力和执行效率。

第一步：能力问题诊断

人无完人。每位团队成员都存在自己的短板。在对团队成员进行岗前培训之前，首先要明确团队成员的能力短板在哪里。这就像寻医问诊一样，找到了"病灶"才能更好地对症下药。

（1）基础知识诊断

干一行，爱一行，专一行。招商团队中的每一位成员，首要的一点，就是要对本行业、本企业的相关产品、服务有更深厚的知识储备。如果对这些基础知识只是"听说过"，甚至"不清楚"，那么在招商过程中，难以做到产品或服务宣传清晰、到位，难以对客商疑问给出更加详尽的答案，最终的招商效果不言而喻。

（2）工作技能诊断

招商工作是一项复杂而重要的任务，对于招商团队来说涉及多个方面的技能考验。

①市场分析能力：对市场有更加深入和全面的了解，能轻松把握市场趋势，分析竞争对手优劣势，这是一位招商人员需要具备的能力。也是一个重要的问题诊断方向。

②洞察能力：面对不同的潜在客商，由于他们的实力不同、看问题的角度不同，使得他们的想法不同、关注点不同、需求不同。因此，团队成员的洞察能力此时就显得极为重要。洞察能力越强，对潜在客户的观察就越深入，对他们的所思所想了解得就越周全。

③社交能力：招商工作是在与潜在客商沟通和交流中进行的。这也是对招商团队社交能力的一种考验。善于与人交谈，拥有热情诚恳的态度、能设身处

地站在潜在客商立场上思考问题，是能够与潜在客商建立良好关系、留下良好印象的基础。

④应变能力：应变能力也是对招商团队能力诊断的一个重要方面。在日常工作中，招商人员接触的客商有很多，也十分广泛，他们有自己的喜好、风俗、社会阅历、生活习惯等。具有应变能力的人，在与不同潜在客商简单接触后，就能了解他们各自的特点，并能为潜在客商提供更加适合他们的服务。

（3）工作态度诊断

工作态度决定了工作积极性，更重要的是决定了最终的工作效率。是否具有认真负责的工作态度，是否有上进心、进取心，是否能在工作中充满斗志，这些也是招商团队成员岗前需要做问题诊断的方向之一。

第二步：提供针对性课程培训

在明确团队成员的问题之后，就可以根据团队成员的问题，邀请一些专业人士或行业专家，为他们提供专业性、针对性课程培训。通过最新经验和技巧的分享，不断提升团队成员的知识储备和技能，及时弥补团队成员能力的短板。这样既能满足企业完成招商战略目标的需求，又能为团队成员提供免费享受学习的机会，可谓双赢。

第三步：定期做个人评估

团队成员在经过一段时间的岗前培训后，是否得到了全方位提升，需要团队管理者与团队成员定期做一对一沟通，为团队成员做个人评估。也可以通过团队成员做自我评价，全面、客观地反映招商团队成员的实际工作表现。

岗前培训的目的，是让团队成员获得有效的工作指导和启发，有效提升团队成员能力，提升招商的整体工作效率。因此，根据评估结果，对于不达标的团队成员，果断淘汰是减少招商工作内耗的有效途径。对于那些评估结果良好的团队成员，他们经过针对性岗前培训，自身潜能得到了更好地发挥和释放，能够胜任招商工作，应对他们委以重任，为招商工作发光发热。

强化绩效考核，激活团队战斗力

绩效考核是组建优秀招商团队重要的一环。每一次绩效考核，都能从中发现问题、发现差距。绩效考核为的就是通过考核成绩，让被考核者明确自身不足和差距，激活团队战斗力，不断提升自己的能力，为企业创造更大业绩，实现企业和个人双赢。

如何做好绩效考核，是招商企业都非常关心的问题。

1. 绩效考核方法

绩效考核的方法有很多，以下是常见的几种绩效考核方法。

（1）KPI 法

KPI 法，即关键绩效指标法，是通过设定一系列量化的绩效指标来衡量团队成员的工作表现。KPI 法关注的是结果，有助于团队成员明确自己的工作方向和努力重点。

优点：不同团队成员的绩效，可以通过 KPI 进行横向或纵向比较。而且通过具体的数值来衡量绩效，有效减少了人为的主观性。

缺点：会因为过分依赖考核指标，而没有考虑可能存在的弹性因素，而产生一些考核上的争议。

（2）MBO 法

MBO 法，即目标管理法，是以目标为导向，通过企业管理者与团队成员共同确定绩效目标，并以此作为考核的依据。

优点：考核者与被考核者共同参与，确定考核目标，有效增强团队成员的责任感和认同感。同时，也确保每个团队成员都清楚自己的工作目标和期望成果。

缺点：过分追求目标，可能会限制团队成员的创造力和创新力。只关注眼前目标，会让全员忽略更加长远的招商战略目标。

（3）评级量表法

评级量表法也是经常被企业用到的一种绩效考核方法。该方法是将被考核者的绩效分成若干个项目，每个项目后设置一个量表，由考核者做出考核。

优点：评级量表法之所以在绩效考核中受欢迎，是因为这种方法对于考核者而言，极易完成。将员工绩效的每一个因素都能反映出来，从总考核成绩中，可以看出员工绩效增长与否、员工能力提升与否。而且这种操作方法费时少，有效性高。

缺点：在使用这种方法进行考核时，那些过于中庸或者过于不严谨的考核者，会将每个人的项目评为高分或平均分。因此，容易因为考核者自己的主观想法和偏见，使得被考核者获得的评价失真。

（4）关键事件法

关键事件法，主要是对某一工作岗位的员工，在预定的事件内，根据被考核者做得好的相关工作事件，作为员工绩效测评依据。通常关键事件对工作的结果有决定性影响，关键事件基本上决定了工作的成功与失败、赢利与亏损。

优点：不同岗位工作的员工，关键事件有所不同，可以在团队成员当中灵活应用。此外，关键事件对工作影响较为明显，因此易于考核操作。

缺点：考核预定时间比较长，通常需要半年或一年时间。

绩效考核方法多种多样，关键是要根据需求、团队特点和战略目标，选择最适合自己的绩效考核方法，这是确保绩效考核有效性的关键。

2. 绩效考核技巧

对团队成员做绩效考核，是激励团队成员、提升士气的重要手段，也是提升全员工作效率的有效方法。打造一支优秀的招商团队，需要企业掌握有效的绩效考核技巧。

（1）建立科学、合理的考核指标

做绩效考核，如何评判团队成员合格与否？关键还需要通过考核指标来衡量。科学、合理的考核标准，具有可衡量、可评估、符合实际情况的特点，能够很好地反应团队成员的工作表现以及能力高低。

正确分类和实例化考核指标，能让绩效考核更加精准和高效。

①定量指标

定量指标，即被考核人员在一定时间内完成的工作量，如月度成交量、新客户签约数等。通过直观的数字，为绩效考核提供明确、客观的考核标准。

②定性指标

定性指标关注的是被考核者的行为和过程，如团队成员的工作态度、创新能力、合作精神等。

③过程指标与结果指标

过程指标，就是将被考核人员在招商过程中的关键活动作为考核指标，如招商活动中客商问题处理时间等。

结果指标，更加侧重于最终结果，如招商活动完成率、客商满意度百分比等。

（2）重视考核数据分析

对团队成员做绩效考核并不是简单地评价员工能力和业绩，更重要的是激发团队成员的斗志，发现问题，提升全员的业务能力水平。对绩效考核获得的考核数据进行深入分析，可以发现每位成员存在的优点和不足，从而为后续进行业务培训，进一步提升团队成员能力和业绩提供重要依据。

（3）合理分配工作量

做绩效考核，也要提前做好工作量的合理分配，以确保做出正确、合理的绩效考核。要根据团队成员的工作年限、工作经验、能力水平等，合理分配工作量，避免劳动力过载或闲置的情况。

（4）及时给予意见与反馈

团队成员虽然是被考核人员，但也应当在整个绩效考核过程中，获得参与感，具有发言权。可以定期召开投诉会或意见会，或者设立意见箱等，及时了解被考核人员的工作反馈，确保团队成员的参与感，也能有效提升团队成员的归属感。

（5）适当调整考核策略

有团队成员对绩效考核表达不满，则意味着当下的绩效考核策略还存在一定的问题。对于团队成员的不满情况，要给予充分重视，并及时对考核策略进行适当调整和改进，有效地提升绩效考核水平，激活团队成员战斗力，进而提高企业的招商业绩。

绩效考核是一把双刃剑，需谨慎对待。做得好，可以让团队成员斗志昂扬，为企业招商更好地发挥自身价值；做不好，则会让团队成员失去信心，失去奋斗的动力，不利于团队成员的成长，也不利于企业招商工作的开展。在绩效考核的过程中，要注重细节与过程，让绩效考核发挥其应有的价值。

有效的奖惩制度，激发团队积极性

俗话说："要想马儿跑得快，就要给马儿多吃草。"有效的奖惩制度，是打造一支优秀团队至关重要的一环。它能够激励团队成员的工作积极性，还能激发团队的创造力，让招商工作更加持续、高效开展。

奖惩制度，是一门技术活。随随便便推出奖惩制度，并不一定能给团队成员带来真正的激励和惩罚。设计一个有效的奖惩制度，可以让团队成员工作积极性和创造力倍增。

1. 奖惩制度设计步骤

（1）明确设计目标

设计奖惩制度之前，要明白奖惩制度是为了促进员工积极性、提高工作效率，还是为了实现特定的招商目标？明确奖惩目标，有助于奖惩制度的有效实施。

（2）明确奖励和惩罚标准

对于团队成员怎么奖励，怎么惩罚，并不是随心所欲去做。制定明确的、可衡量的奖励和惩罚标准，才能让奖惩做到有据可依、有章可循。

（3）奖励形式多样化

说到奖励，大多数人看来，就是金钱方面的奖励。单一的金钱形式做奖励，存在一定的局限性。物质奖励（如加薪、奖金、奖品）以及非物质奖励（如表彰、晋升机会、旅游、深造等）都可以作为对团队成员的奖励。奖励形式多样化，能使得激励更加深得人心，能在团队成员中获得更好的反响。

选择适合的奖励形式能大幅提高奖励效果，奖励不当很可能会起到反作用。真正有效的激励，往往是能够击中人心软肋的激励。很多时候，企业老板把奖金发出去了，在员工那里却没有起到任何作用。员工觉得这就是自己应得的。其实，大部分时候，并不是给员工的激励不够多，而是没有真正击中人心的软肋。

> 比如：对于那些家庭遭遇突发状况，日常开销较大的优秀成员，给予资金奖励能解决他的燃眉之急。这样的奖励就是奖到了团队成员的心坎里，是对其最好的奖励方式。
>
> 对于那些积极上进、野心勃勃的团队成员，给予他们晋升机会，才是对他们的最好褒奖。

（4）惩罚措施要合理

对团队成员惩罚只是一种手段，并非真正目的。惩罚团队成员，通常包括口头警告、书面警告、罚款、停职或解雇等，惩罚程度不断递增。在选择惩罚手段的时候，要根据不同违规行为采取不同的惩罚措施，确保惩罚的合理性。

（5）建立监督和反馈机制

实行奖惩制度，还需要有效监督和反馈机制来保证执行情况和执行效果。对于不合理的奖惩方式，应当及时做出调整和改进。

2. 奖惩制度设计原则

（1）有理有据原则

对团队成员的奖励和惩罚要根据相应的规章制度进行，这样更加易于团队成员信服和接受。

（2）公平公正原则

奖惩制度的实施对象是众多团队成员，对于所有人都应当有功必奖，有过必罚，要做到公平公正，人人平等。不论亲疏，都要用统一的标准对待每一位成员。

（3）及时奖惩原则

不论鼓励团队成员的正向行为，还是纠正团队成员的错误行为，都应当做到及时奖惩。时效性越强，越能在团队成员当中形成深刻记忆，对团队成员的奖惩越有效。

奖惩制度包含了正向刺激和负向刺激两个方面，能引导和规范团队成员朝着更加符合招商需求的方向发展，能有效激发团队成员的工作积极性和创造力，对招商企业的日常运作产生极大的影响。做好奖惩工作，对于企业高效开展招商工作十分重要。

第五章

读懂客户心理逻辑，
高效征服客商

　　做招商工作，其实是一门心理学。与其说是成交客户，不如说是操控客户心理。明白客户真正需要什么，客户心里究竟在想什么，比苦口婆心向客户推销产品、服务，做品牌宣传更加有效。读懂客户的心理，征服客户的内心，招商才更容易取得成功。

你是谁：表明细分赛道

开展招商工作的过程中，很多招商人员会遇到这样的情况，还没等自己把产品介绍完，对方就挂断了电话，或者毫不留情地拒绝了。所以，招商人员会抱怨"现在的人心越来越冰冷"。

但在抱怨之余，是否想过，问题是否出在自己身上？是什么原因导致潜在客商表现出这样的态度和行为？

我们每一个人对于陌生人都会条件反射地产生一种自我保护心理，因此不会轻易向陌生人表达自己的心声、透露自己的情感，这样表现出来的就是一种冰冷冷的表情和行为。

既然这种情况不可避免，那么关键在于我们该采取什么样的行动，才能化解这种尴尬氛围。

其实，不论用什么招商模式，在第一次见到潜在客商时，一定会引起他们的警觉。想要让潜在客商放下警备心理，并关注你，首先就要站在潜在客商的立场上，从潜在客商的心理出发，让他们知道"你是谁"。

告诉潜在客商你是谁，是做什么的，让潜在客商了解更多有关我们的信息，可以让潜在客商放下戒备的同时，能让我们更好地贴近潜在客商。

如何解决让客户知道"你是谁"的问题？答案就是表明细分赛道。表明细分赛道，不仅能让潜在客商知道"你是谁"，还能在潜在客商"说到或想到……的时候，第一时间想到的就是你"。

> 大家在说到可乐的时候，第一时间想到的就是可口可乐；在说到白酒的时候，第一时间想到的就是茅台；在想吃火锅的时候，第一时间想到的就是海底捞；在想打车的时候，第一时间想到的就是滴滴打车……

如何表明细分赛道？就是向潜在客商表明企业品牌或产品的一个占据独特优势的差异化定位，这个定位能让企业在激烈的竞争中脱颖而出，自然也是吸引潜在客商成为合作伙伴的关键。

> 市场中，披萨店数不胜数，如果你向客户介绍"你是谁"的时候，直接告诉客户你是卖披萨的，客户听了也就听了，那么多卖披萨的，你又没有什么特色，客户为什么选择与你合作？如果你能独辟蹊径，把榴梿与披萨相结合，再添加浓浓的奶香味，一款香甜美味的"榴梿披萨"就诞生了。这样的差异化定位，能很好地凸显品牌优势，在客户心中形成牢固记忆。
>
> 再比如：火锅领域的品牌有很多，有的品牌将自己的细分赛道定位于优质服务，如海底捞；有的品牌将自己的细分赛道定位于某个细分产品，如巴奴毛肚火锅。这样，通过细分赛道，将海底捞、巴奴毛肚火锅与其他火锅品牌区隔开来。

如今，客商在选择合作伙伴的时候，已经不再像以前一样单纯地考虑产品的使用功能和品质，而是更加追求个性化需求的体现。因为这样的产品更有市场，选择与这样的企业合作，更有发展前景。

作为招商方来讲，应当迎合客商的这种心理需求。从产品的差异化入手，突出产品与众不同的卖点。这种差异化具有排他性、独占性，是企业招商的核心卖点。

既然这种差异性是同类产品中独一无二的特点，那么你完全可以在招商的过程中向潜在客商展示这一卖点，让他们知道这一卖点是非常值得出价合作的。潜在客商对你了解得越多，对你的品牌或产品了解得越具体，越清楚品牌或产品的价值，才越能在第一时间吸引到你的潜在客商，进而获得与潜在客商进行下一步交流的机会。

凭什么相信你：客户见证与案例证明

对于陌生人所说的话，所推销的产品，人们通常会怀着迟疑的态度。这种态度源于对陌生人的不确定性以及可能出现的社交风险的担忧以及不信任。

即便我们的产品品质再好，没有构建起与潜在客商之间的信任，就难以让他们真正接受我们千辛万苦塑造的产品价值。因此，在面对眼前这个陌生人滔滔不绝介绍自己的时候，很多人内心中往往会问自己一句话："我凭什么相信你？"有这样的表现，是人之常情。站在对方的立场上去思考，这样的情况我们完全可以理解。

但如何扭转这样的尴尬局面？如何获得对方的信任？这才是关键。

化解尴尬、赢得信任的最好方法就是"自证"。如何做"自证"？有两个方法：

1. 客户见证

无论是哪个领域的企业做招商，客户见证都有其用武之地，是快速构建与潜在客商信任的撒手锏。自己说产品有多好，不如让老客户说，让身边人说更有效。老客户对你的产品的信任，会转嫁到新客户身上，进而赢得新客户的信任。这就是在营销领域的一个非常高明的营销策略，叫作"信任转嫁"。客户见证，其实就是我们最好的推销员，提升招商成功率。

（1）客户见证类型

客户见证，根据见证形式和内容不同，可以分为两大类：

①客户见证形式

根据不同的形式，可以将客户见证分为以下几种：

客户见证照片：这是十分常见的见证形式。通常，将客户见证以图片的形式拍摄下来，在招商活动中进行展示，让消费者直接感受到产品的实际效果以及客户的满意反馈。这种方法更加直接、直观地让潜在客商看到客户的购买热情，从而增加潜在客商的合作意愿。

客户见证视频：通过向潜在客商展示客户对于企业产品的真实感受，让客户现身说法，侧面作证了企业的品牌及产品。客户见证视频就像广告一样，代表客户使用最真实的状态、最真实的语言告诉观众产品的作用和优势，消除潜在客商的疑问和顾虑，从而加速潜在客商的转化率。

客户见证媒体：包括报纸新闻、电视节目等。通过权威报纸、电视节目这些自带公信力和影响力的机构为品牌和产品背书，为品牌和产品做代言，增强企业的可信度，能够让潜在客户更容易产生信任感。

客户见证信：即邀请使用过产品的客户，亲自为企业品牌产品写的一封使用效果见证信，以增加潜在客商对品牌和产品的信任感。

②客户见证内容

根据不同内容，可以将客户见证分为：

效果见证：通过客户现身说法，分享使用产品后获得的使用体验，让潜在客商感觉企业的招商产品效果不错，才愿意与企业合作。使用效果见证，一定要描述清楚使用产品前后对比，描述越具体、越清楚，越能引发潜在客商的共鸣。

评价见证：通常客户的聊天记录截图、客户购买评价等，这些常见渠道能更加直观地展示客户的使用体验和满意度。通过客户对产品或服务的正面评价，能够更好地吸引更多的潜在客商，达到很好的说服效果，让潜在客商对企业产品或服务产生信任。

（2）客户见证技巧

客户见证有方法，有技巧。这里我分享几个客户见证的技巧。

①真实

做客户见证的目的是让潜在客商能够更好地了解产品或服务，能够与招商企业安心合作。但做客户见证，最重要的就是要保证真实性，如真实的使用体验、真实的客户评价等。越是真实的东西，越具有说服力。否则，在这个信息获取越来越容易的时代，如果作假，很容易被人查到或看穿，这样对于招商来说，得不偿失。

②故事化

客户见证故事化，就是以讲故事的形式向客户做见证。这样做客户见证，更加通俗易懂，更容易让潜在客商接受。

通过客户讲故事的方法，见证客户使用产品前后，如何从不好的状态一步步提升和改变，以及心理变化的描述，达到感染潜在客商的效果。故事讲述得越详细、越具体，越能给人真情实感，越能让潜在客商对产品或服务信服。

③数字化

人天生对数字敏感。与汉字相比，数字更直观。客户见证数字化，更有说服力，更能吸睛，让潜在客商产生信任。

④可视化

比起文字，图片、视频能更加生动和直观地让潜在客商看到品牌、产品或服务与众不同的优势。当潜在客商对产品或服务产生质疑时，可以拿出可视化的客户见证，赢得他们的信任。因此，在做客户见证的时候，使用图片或视频的形式，效果最佳。

⑤海量

一个客户或几个客户的见证，不足为奇，难以在潜在客户心中激起涟漪。但如果一群客户做见证，那么产生的效果则不同凡响。客户见证，越多越好。做一个客户见证相册集、客户评价墙等，这些都是与潜在客商建立信任关系，进而促成成交的最好道具。

一个客户见证，胜过千言万语。做好客户见证，才能更好地赢得潜在客商的信任。

2. 案例证明

消除潜在客商疑虑的另外一个有效方法，就是案例证明。

在心理学中，有一种心理叫作从众心理。人们总是会受到人群行为的影响，而在自己的直觉、判断、认知上表现出与大多数人相同的行为方式。这就是一种从众心理。

案例见证，就是通过已有客商的成功经营情况、运营情况、客户流量、盈利情况等案例，为潜在客商做证明，让潜在客商因为别人的成功而产生羡慕之情，进而对招商企业和招商项目的核心优势充满信任感和合作的期待感。

人们总是相信眼见为实，耳听为虚。当潜在客商对招商企业的品牌、产品或服务心存疑虑时，最好的做法就是借助有力的证据来证明自己。证据越详细、越多，就越有说服力，就越能埋下与潜在客商合作的种子。

对我有何好处：解决用户问题

与潜在客商建立信任关系，让潜在客商对招商企业信服，并不能直接促成与潜在客商的合作。因为他们可能每天都会遇到各种招商电话和陌生人前来拜访，很多时候，他们自己会本能地产生抗拒心理，会产生疑问："与你合作能给我带来什么样的好处？"

在这种情况下，招商人员一开始的时候就应该告诉潜在客商关心的问题，告诉潜在客商自己的产品或服务，能给他们带来什么样的好处。否则他们没有耐心继续听你说下去。

在当前这个信息化时代，人们的生活节奏、工作节奏越来越快，能够获取信息的渠道越来越多，没有谁愿意将自己的时间浪费在一个对自己没有好处的事情上。如果不是与自己有关的事情，基本上不会去主动关注。

所以，做招商，你必须在一开始的时候就说出对潜在客商有价值的话。

1. 能帮助他们做什么

对于潜在客商来说，他们加入一个全新的合作业务，首先关心的是自己如何接手这个新业务，在经营过程中遇到困难或问题该如何解决等。

真正睿智的招商高手，会在事先就站在潜在客商的立场上考虑这些问题，并明确告诉他们能帮他们具体做什么，解决潜在客商可能存在的问题。

> 比如：可以为合作伙伴提供相关培训机会，提高他们的营销和经营能力；做好协助经营工作，帮助他们度过磨合期；定期与合作伙伴沟通与反馈，优化经营策略；打通金融环节，解决客户资金难题；做好选址规划，提高客户选址成功率；做好店面设计支持工作，解决客户后顾之忧；实行严格区域保护制度，维护客户权益；各类活动支持，为客户做宣传等。

2. 能否赚钱

潜在客商关心的后顾之忧得以解决之后，他们关心的就是自己加入这个新业务之后，能否赚钱的问题。这也是他们关心的核心问题。在激烈的市场竞争环境中，客商的一切生意模式和经营策略都是围绕"赚钱"这一核心目标开展的。

他们关心的经营模式是否有效、市场操作能否满足精细化需求等，这些归根结底还是一个问题，即是否能赚钱。潜在客商心里会认为：不赚钱，拿什么跟我谈"钱途"。

追逐利润是每一个商人的本性使然。让客商赚到钱，是留住客商的根本。因此，招商企业需要提供给客商一整套市场操作方法，要告诉潜在客商如何将产品做组合铺市进店、如何做产品陈列与促销等，为潜在客商提供赚钱的"灵丹妙药"。

3. 是否能节省成本

做生意，注重如何开源的同时，也应关注如何节流，以此提升经济效益。作为客商，自然对是否能节省成本的问题十分看重。成本包括时间成本、人力成本、资金成本。

招商企业对客商的管理也应当做到与时俱进，实现精细化管理。比如，如何做管理去库存，节约资金成本；如何做到安全库存、先进先出，节约人力成本；如何合理码放，节约时间成本等。正所谓：细节决定成败。一切细节关乎成本，关乎节流。

想客商所想，急客商所急。潜在客商能够想到的所有问题，都能获得有效解决，自然合作意愿会进一步加强。成功的招商团队在为潜在客商解决后顾之忧的过程中扮演着十分重要的角色。他们不仅推销企业产品或服务，而且为客户提供有效的问题解决方法。这些举动对于潜在客商来说，从他们的内心深处已经对招商企业的好感度有了急速提升。

凭什么合作：打造梦想蓝图，提升合作意愿

企业招商，能吸引潜在客商合作才算真正取得成功。但对于潜在客商而言，招商企业前面所做的一切，都只能让自己内心荡起涟漪，并不能让其真正心动。潜在客商心中依然有疑问：凭什么与你合作？

人对梦想的追求，对未来的幻想，是永无止境的。相信，很多公司，从创立之初，就有自己的伟大梦想。强大不仅仅是个人的梦想，也是一家公司的梦想。但也有些公司，在发展过程中逐渐无法用语言清晰地描绘自己的梦想，甚至他们也不知道自己的梦想到底可以在未来的路上走多远。

此时，作为招商企业，我们不妨将企业梦想作为入手点，为潜在客商描绘梦想蓝图。

什么是"蓝图"？蓝图就是潜在客商要实现的梦想。我们要用简单的语言告诉潜在客商，与我们合作，我们的产品或服务会帮助他们达到什么样的状态。

如果我们能够让潜在客商知道，我们有能力帮他实现心中一直想要，却无法用语言表达出来的梦想，并通过为他们描绘梦想蓝图而影响到他们的内心世界，那么离成功招商就又近了一步。

如何为潜在客商描绘梦想蓝图就是回答潜在客商"凭什么合作"的关键。

第一步：走出自己的世界

很多时候，招商工作开展的不尽人意，是因为我们只站在自己的世界里，向潜在客商介绍产品或服务如何如何好，但我们完全忽略了一个重要的问题，那就是想要说服潜在客商成交，却完全站在自己的立场上，以自己的主观臆断认为自己想要的就是潜在客商的内心需求。这样，即便产品和服务再好，没有考虑潜在客商真实的内心想法和需求，依然难以勾起潜在客商的合作兴趣。

所以，不要太多地、频繁地描述自己的产品或服务有多好，而是要走出我们自己的世界，学会换位思考。

第二步：了解潜在客商的内心世界

想要真正走进潜在客商的内心世界，就需要了解潜在客商需要的是什么，内心世界的所思所想是什么。实现这一点，与潜在客商之间进行深入沟通是最有效的途径。

在与潜在客商聊天的过程中，不要放过任何谈话中的蛛丝马迹。

（1）从聊天信息中洞察

很多时候，人们在聊天的时候，看似"言非所意，意非所言"，却在无意中会暴露出自己的内心世界，而且这些都是他们潜意识当中最真实的信息。在与潜在客商聊天的过程中，招商人员要善于从聊天信息中挖掘重要信息，从中洞察潜在客户内心的真实需求。

（2）通过提问去深入了解

有的时候，潜在客商的信息连自己都还看不清楚，更不可能清晰描述自己内心具体的需求。可以通过提问的方式，深入了解潜在客商的内心需求。这种方法有助于我们针对性地提问，启发潜在客商敞开心扉回答问题。为了更加准确地判断潜在客商的内心需求，还需要多向他们提问，多问几个为什么，这对透析消费者的心灵有很大的帮助。

第三步：为潜在客商描绘蓝图

在充分了解潜在客商的内心需求之后，也就正式进入我们为潜在客商描绘梦想蓝图的时候。此时，我们需要感同身受且详细地表明产品或服务价值，同时要与他们的内心需求相结合。在向潜在客商输出产品或服务价值的时候，不要只聚焦在一个很小的问题上，而要给他们一个更加"宏观"的感受，让他们觉得，与我们合作，能有什么样的好结果，未来可以走多远，可以实现更大的梦想。

为潜在客商描绘梦想蓝图，是征服潜在客商一个非常重要的能力，使得潜在客商的梦想变得具象化、清晰化，让潜在客商瞬间仿佛看到了自己的未来，同时也为潜在客商日后的合作奠定基础。没有这一步，后续的招商工作中需要很强的销售力和营销力，而且也不一定会达到这样的驱动潜在客商心动，并达到增强合作意愿的效果。

此外，帮助潜在客商描绘梦想蓝图，需要注意的是：

（1）符合潜在客商的终极梦想

招商人员为潜在客商描绘的蓝图，都应当符合其终极梦想，应当与其内心的渴望相吻合。

（2）用词越简单越好

描绘梦想蓝图，不论多么宏伟，多了壮丽，都要保证所用词汇能让对方听得懂。因为，每一个人的学识水平、认知能力、掌握的词汇量大小有所不同。招商人员的水平高，但对方不一定能听得懂。所以，在描绘梦想蓝图时，用词越简单越好，以能让潜在客商听懂为原则。否则一切努力都是徒劳的。

（3）要有强烈的视觉冲击力

人有五种感官，包括视觉、听觉、嗅觉、味觉、触觉。但大脑唯独对视觉最为敏感，且有极为明显的偏好。

在为潜在客商描绘梦想蓝图的时候，一定要充分借助这一研究，给梦想蓝图赋予强烈的视觉冲击力。这里的视觉冲击力，并不是意味着以图片或视频的形式打造梦想蓝图。而是通过巧妙运用语言艺术，给予梦想蓝图更加生动、具体、充满画面感的描述，使得潜在客商在脑海里产生美好的画面联想。

总之，走进潜在客商的内心世界，了解他们的语言，洞察他们的渴望，能成就他们的梦想，潜在客商才更能产生强烈的合作欲望。

如何保证赚：合作、盈利机制双保险

开展招商工作，潜在客商愿意和我们合作，核心是能够保证让他们赚到钱。否则，赔本买卖，或者对未来是否能盈利充满不确定性，潜在客商是不会花钱投资为自己找风险的。

对于潜在客商来说，如何能保证自己赚到钱，也是他们内心极为关切的问题。

如何机智地化解潜在客商内心的疑问？答案就是：抛出合作机制与盈利机制，给潜在客商吃下定心丸。

1. 合作机制

招商企业应该建立透明的合作机制，与潜在客商共同制定合作规则。应当让潜在客商充分了解自己的权益和利益，确保合作关系的快速建立。通常，合作机制应当包括：

（1）合作协议

潜在客商确定合作后，招商企业与其签订合作协议，明确双方的合作内容、期限、责任等。在合作协议中，要明确销售目标、销售区域、价格政策、推广支持等条款。

（2）产品供应

招商企业负责所有的产品制造和共赢服务，确保为客商及时提供保质保量的产品。

同时，对于临期产品，为了快速减少库存，招商企业可以配合客商做促销活动，让客商代理产品无后顾之忧。

（3）市场推广

客商负责自己对产品进行推广和销售，招商企业为客商提供相应的市场数据和推广材料，帮助客商做市场调研和推广。

（4）售后服务

客商负责产品的销售，包括安装、维修、退换等工作。招商企业负责对客商员工进行技术支持和培训，确保客商能提供优质的售后服务。

（5）信息交流

招商企业与客商之间要及时进行沟通，对市场变化、销售数据等信息进行共享。招商企业以此作为依据，为客商提供营销策略研究，从而确保招商企业为客商提供更加精准的服务与支持。

有了以上合作机制,就能更好地让客商看到招商企业的合作诚意,也是对客商利益最大化的一种保障。

2. 盈利机制

为客商提供有效的盈利机制,也是解决客商"如何保证赚"问题的有效途径。

(1)品牌代理权

有的知名品牌会将自己的品牌代理权授予客商,在特定区域内做独家代理,确保客商能够获得更大的利润空间。

(2)区域保护

区域保护机制是招商品牌专门为客商划定经营区域,在该区域内不再允许其他客商进行产品销售,降低客商的运营风险,避免其他客商跨区域打价格战,以确保客商在该区域内享有一定的市场份额,保持销售利润。

(3)伙伴式营销模式

伙伴式营销模式,即招商企业与客商共同经营市场,招商企业将市场资源前置给客商,建立起快速反应的市场机制。这种模式打破了以往招商企业为主导的操作习惯,客商不再是以往的"大客户"角色,而是成了招商企业的合作伙伴,形成了稳定的战略联盟。在实现共同发展的过程中,招商企业与客商之间一荣俱荣,一损俱损。为了让彼此有更好的发展,实现共同盈利,招商企业必定会与客商站在同一战线,想方设法促营销、提销量。

没有人愿意做赔本的买卖,也没有人愿意为一件不确定能否给自己带来盈利的生意买单。合作机制与盈利机制双保险,帮助潜在客商消除后顾之忧,让自己的盈利多一重保障,这样自然能让客商安心合作。

立刻合作：制造诱惑，让客户迫不及待

真正的招商高手，非常懂得在客商下决定合作之前，给出临门一脚。那就是制造诱惑。在前期铺垫工作做足之后，可以使出"杀手锏"，通过利益诱惑主动出击。那些还在犹豫和徘徊的客商，会在利益诱惑的驱使下，迫不及待想要与我们立刻达成合作关系。

如何制造诱惑呢？以下是我总结的几个有效的方法。

1. 稀缺策略

人们总是认为"物以稀为贵"。对于稀缺的物品更为感兴趣，这其实是一种心理效应。

很多时候，潜在客商还没有下最后的决定，是因为他们的合作欲望还不是特别强烈。营造一种稀缺感，能让潜在客商感到产品珍贵，从而害怕错失良机，而加速做出合作的决定。

塑造产品稀缺感，可以从多方面着手去做。

（1）限量优惠

告知潜在客商此时合作，前十家合作伙伴可以得到一定的优惠折扣。通过"前十"做限量优惠来营造紧迫感。潜在客商会意识到，如果此时不抓紧签单，就会错失机会，从而增加了潜在客商的成交决心。

（2）限时优惠

时间对于人们来说是十分宝贵的，招商人员可以利用这一点，通过给潜在客商设定一个优惠时间限制，以此营造稀缺感。比如，在本周可以享受一定的优惠折扣，潜在客商就会意识到，如果不在设定时间内购买，就会失去这个优惠价格。

2. 占便宜策略

在很多时候，潜在客商迟迟没有做出合作决定，是因为他们觉得自己还没有占到想要的便宜，所以不足以激起其强烈的合作意愿。

针对潜在客商的这种心理，招商人员还可以采用一种有效的成交手段就是：暗地里的优惠。暗地里的优惠，顾名思义就是避开大庭广众的场合，在私底下给潜在客商优惠。这种优惠方式可以给潜在客商带来意想不到的惊喜，让他们感觉自己获得了差异化对待，获得了"占了便宜"的感觉，自然会抓紧时机签

单合作。

运用占便宜策略时，要注意：

（1）优惠要量力而行

俗话说："有多大能耐，许多大的愿"。虽然优惠力度越大，越能给潜在客商占便宜的感觉，越能激起其强烈的合作欲望。但给出潜在客商优惠要量力而行，适当给予潜在客商相应的优惠。这样既能满足客户占便宜的心理，又不损失公司利益，可谓皆大欢喜。

（2）优惠要被感受得到

既然给了潜在客商优惠，就一定要让他们真真切切地感受到自己占到了实实在在的便宜。否则，优惠给了，潜在客商却没感受到。这就好比打了一个闷雷，没有起到任何实质性效果。可以通过价格计算的方式，让潜在客商明确自己赚到了优惠，占到了便宜。潜在客商自然会十分欣喜地寻求招商企业合作。

3. 专项 VIP 策略

几乎人人都希望获得别人的特殊关爱和优待，以满足自己的虚荣心和优越感。基于这一心理特点，招商人员可以使用专项 VIP 策略，激发潜在客商的合作积极性。

"VIP"直译为"非常重要的人"，也可以翻译为"贵宾"。能成为 VIP 的客商，可以享受其他人无法享有的特权。比如优惠折扣、返利活动等专享权利。这会让潜在客商获得一种至高无上的优越感，这种优越感是一种面子上的极大满足，更是一种身份的象征。

在市场中产品同质化日益凸显的今天，与谁家合作，产品几乎无异。潜在客商选择是否合作的关键，就是看谁家给自己的好处更多、利益更加诱人。当潜在客商内心中对成为 VIP 充满渴望的时候，就会迫不及待地想要与我们合作。

企业做招商，懂得用心经营潜在客商，招商才会取得成功，才会比别人多分一杯羹。经营潜在客商并非易事，要在细节上比别人多做一点努力，才更容易成功。

第三篇

招商策略篇

第六章

塑造招商优势，抢占潜在客商心智

如今，市场竞争异常激烈已经是不争的事实。企业做招商，缺乏招商优势，做起来会很艰难，而且招商成果通常差强人意。近年来，一些意识超前的企业，纷纷为自己塑造招商优势，抢占潜在客商心智。塑造招商优势，是企业成功招商的重要一步，是企业在市场竞争中的有力武器。

构建品牌优势，征服用户群体

潜在客商选择合作伙伴，就像消费者选择产品一样，首先看重的是品牌。品牌优势越明显，越是他们的"心头好"，越能受到他们的青睐。

一个强大的品牌能为企业带来很多好处，如提升知名度和美誉度、增强信任度等，最终达到征服用户群体的目的。在当前的市场环境中，构建品牌优势是每个招商企业必须面对的重要任务。

那么招商企业该如何打造品牌优势呢？

1. 明确品牌定位

一个企业要想长远发展，就一定要有品牌定位意识。品牌定位可以让企业品牌在广大消费者、客商心中占据一个有利的位置，在他们心中形成独特的记忆点。好的品牌定位，是企业在异常激烈的市场竞争中取胜的关键。

常见的品牌定位有三种方法：

（1）抢先定位法

市场中，竞争对手有很多。但一个品牌，想要在市场中标新立异，就需要"先"字当头。只有将品牌定位抢先一步占领高地，才能占据有利位置，赢得市场青睐。品牌做抢先定位，入手点有很多，这里我重点分享几种。

①新技术抢先

市场中几乎每天都有创新技术的品牌和产品诞生。如果能在竞争对手之前，借助技术创新进行品类创新，以此抢先定位，抢占市场第一的位置，那么品牌一定能在市场中快速脱颖而出。技术创新独占鳌头，潜在客商看到品牌定位的独到之处，自然对你的品牌情有独钟。

> 比如：普通电吹风主要是依靠电机驱动带动风叶旋转，将空气形成离心热气流，然后再从风筒前嘴吹出去，用热风将头发上的水分蒸发，从而达到快速吹干头发的目的。
>
> 戴森吹风机则是采用气流倍增技术，使得吹风机能够喷射出3倍强劲气流。强劲气流直达发根，快速吹走头发表面的水分，无需高温就能达到吹干头发的效果。因此，戴森凭借独有的技术创新，为自己抢先做了品牌定位，也由此成就了品牌优势。

②新趋势抢先

随着时代的发展，人们对产品的需求也在逐渐发生改变。尤其在当下，人们对于天然、绿色、健康、环保的东西更加青睐，这些也成为市场需求的新趋势。从新趋势入手抢先做品牌定位，也是一个很好的途径。

> 百雀羚的品牌定位就是"草本护肤"，其护肤水、护肤霜等产品，都是通过植物萃取的方法，打造纯草本护肤品，对皮肤无刺激。这样的品牌定位，更容易让大家喜欢上。

（2）关联定位法

有的企业，已经将自己的品牌做得风生水起，并在行业扎根。这样的竞争对手也可以看作是企业学习的对象，可以借助关联定位法，为品牌做定位。

关联定位法就是将市场中的成功企业作为标杆，通过借鉴和学习的方式，了解他们做品牌定位的成功之处，并将其已经被消费者认知或认可的某一独特性，作为我们做品牌定位的关联点。然后从这一独特性出发，做关联定位，进行突围。

关联定位法，依仗有声望的品牌的社会认知度、权威性，影响人们的判断来获得行业较高的知名度，让自己的品牌知名度能够快速打入市场，让更多的用户快速认识你的品牌。所以说，这种品牌定位法可以让自己的品牌在市场中一炮走红，不失为一种品牌定位的捷径。

这种定位方法有一点"傍大款"的意思。但关联定位法并不是让品牌随意"傍大款"，否则要适得其反。在做关联定位的时候，一定要选择与自身有相同特征的知名品牌做关联。

（3）反向定位法

有一种品牌定位方法，采用的是逆向思维。我将其称为"反向定位法"。很多时候，品牌没有那么多的精力去争去抢。反向定位法更容易让品牌出奇制胜。用反向定位法进行品牌定位，可以减少与竞品的正面冲突，有效提升品牌在市场中的存活率。

①外观反向定位

外观反向定位就是通过品牌与其他品牌外观形成鲜明对比进行定位。

> 有的化妆品品牌包装设计十分时尚，属于现代风；有的化妆品品牌则使用看上去很"土"的老包装，给人以满满的怀旧感。

②心理反向定位

对于绝大多数人来讲,心里的想法是一致的。我们可以从大众心理的反方向出发做品牌定位。

> 在大众心中,酒喝多了通常会醉,会将"一醉方休"作为品牌定位。但德国有一个酒品牌则反其道而行之,将品牌定位为"喝不醉",并且将酒的度数专门做了下调,这样人们既能喝得尽兴,又不至于喝醉。

2. 塑造品牌形象

品牌形象是招商企业给潜在客商最直观的视觉感受。良好的品牌形象也是企业的品牌优势之一。

（1）品牌形象特点

①独特性

品牌形象就是招商企业的门面。在塑造的时候,应当与众不同,才能让人们快速记住。

②吸引力

塑造品牌形象的目的,就是为了更好地吸引消费者、潜在客商,激发他们的购买欲望和合作欲望。

（2）塑造品牌形象的方法

塑造品牌形象,招商企业重点是要通过构建品牌形象,给受众提供独特的视觉感受。

品牌形象就像个人形象一样重要。一个人能否在第一时间产生强烈的吸引力,关键在于给他人带来什么样的视觉感受。对于品牌,同样如此。

我们生活在一个追求美的世界里。在设计品牌形象的时候,运用美学元素设计品牌标识。传递品牌理念的同时,也能很好地彰显品牌的形象美,使品牌在市场上具有辨识度,让受众获得美好的视觉感受,进而对品牌产生好感,提升合作意愿。

3. 提升品牌价值

品牌价值也是品牌优势之一。一个高价值品牌能够为招商企业带来更好的知名度,由此带来更多的合作客商和市场份额。

提升品牌价值,可以采取以下措施:

（1）塑造品牌文化

一个品牌,要想与人产生互动情感,就一定要提高品牌的文化内涵。品牌文化就是企业内在精神的体现。品牌文化包括基本的价值观、社会责任、企业文化、历史底蕴等。品牌文化是招商企业的"代言人",能为品牌带来更高的附加价值。

（2）树立品牌理念

品牌理念即企业使命、经营思想、行为准则三个方面,对企业的发展具有导向作用。崇高的品牌理念,能够很好地提升品牌价值,帮助企业品牌形成独特的品牌优势。

（3）打造品牌故事

品牌故事是塑造品牌价值的重要工具。品牌故事可以讲述品牌发展历程、经营故事等,通过感人的情节,引起人们的共鸣,进而使得品牌情感价值得以快速升华。

> 欧莱雅有一句广告词："你值得拥有"。它还有一个让人记忆深刻的品牌故事。
>
> 欧莱雅的创始人是欧仁·舒莱尔。他以第一名的成绩毕业于化学专科学校。在校期间,有一位理发师请学校的教授推荐一名研究员,做染发方面的研究。舒莱尔得到了教授的推荐,成了研究员。此后,欧仁·舒莱尔专注于研究一款无害染发剂,并最终取得了成功。这对于广大爱美人士来讲,无疑带来了福音,得到了广大消费者的青睐。之后,欧仁·舒莱尔专门为他的第一个发明申请了专利,并取名为"欧莱雅"。1907年,欧仁·舒莱尔创办的欧莱雅公司正式成立。
>
> 欧莱雅在其品牌故事中强调了它的发展历史,借助"无害染发"与消费者产生情感共鸣,征服了消费者,有效提升了品牌价值,吸引更多的消费者选购。

4. 拓展品牌影响力

品牌在市场中具有强知名度和强影响力,也是品牌的一大优势。拥有这一优势,招商企业能够赢得更多的商机,吸引更多的潜在客商前来合作。

为了更好地向潜在客商证明品牌影响力,可以从以下几方面入手:

（1）权威机构背书

想要让潜在客商看到品牌影响力,最好的办法就是找权威机构做背书。那些知名的权威机构往往在人们心中有很高的地位和信任度,他们的言论很受大众的重视和信任。找权威机构（如权威新闻、媒体平台等）为品牌背书,通俗地讲,就是找权威机构为品牌担负起连带保证责任,这样大众自然会因为对权威机构的信任，而对品牌产生信任。

（2）权威机构认可

能得到权威机构的认可，如获得中国质量认证中心、国家市场监督管理总局等相关认证证书等，也是对品牌的最大肯定。有了这些相关认证证书的鉴定和认可，有效提升品牌的含金量和权威性，增加品牌的市场影响力。品牌在潜在客商心中的地位也会随之有很大的提升。

塑造品牌优势要从品牌定位、品牌形象、品牌价值、品牌影响力四个方面多下功夫，打造出独特的品牌优势，更好地吸引潜在客商的关注度和好感度，从而推进招商工作的高效进行。

彰显产品优势，好产品自己会说话

做招商，能够真正吸引潜在客商的，其实还是产品本身。真正的好产品，自己会说话。从塑造产品优势入手，是占领潜在客商心智的重要途径之一。

人人都懂的货比三家。对于潜在客商而言，真正好卖的产品，才有市场前景，才有合作价值。市场中同类产品有很多，潜在客商在出资选择合作对象之前，也会三思而后行，做好对市场中同类产品充分了解之后才会下定合作决心。

但实际情况是，潜在客商对招商企业的产品并不了解，或者只了解其一却不知其二。想要让潜在客商加速合作，就需要让他们知道产品的真正优势。潜在客商认可产品的优势，感受到产品的过人之处，才能产生合作欲望，进而推动成交。

在产品同质化日益凸显的今天，能够真正驱使潜在客商合作的，其实还是那些能让潜在客商眼前一亮的产品。因此，在塑造产品优势的时候，强调产品的独特性，更容易吸引潜在客商的关注。

1. 功能价值的独特性

每件产品都有自己的功能，比如，食物是用来充饥的、水是用来解渴的、车是用来出行的，都有自己存在的价值。功能价值的塑造，最重要的就是给产品找卖点、找亮点，要做到"人无我有，人有我优"，然后不断围绕这个点进行塑造。这就是功能价值独特性的塑造方法。

> 同样是卖水的，功能都是解渴。但外星人电解质水，除了能补充人体所需水分之外，还能通过人体摄入电解质，具备缓解脱水症状、加快机体新陈代谢、促进肠胃蠕动等功能。这些功能价值是传统矿泉水、纯净水等无法匹敌的。

2. 技术配方的独特性

有的产品之所以特殊，在同类产品中具有较高价值，是因为其技术和配方方面具有与众不同的一面。一些充满现代前沿技术、融入独家秘方的产品，更具价值。这些产品的独家配方和技术，在市场中独一无二，找不到类似的替代品，更受大众的青睐。这也是凸显产品优势的一个重要方面。

> 药品行业中，有些产品是国家保密配方制作的，如云南白药、片仔癀、华佗再造丸、安宫牛黄丸、六神丸等，市场前景都非常好。

3. 使用体验的独特性

是否能带来良好的使用体验，也是潜在客商通常考虑的因素。良好的产品体验，除了使用的舒适性、顺畅度、操作简易度、易用性等之外，愉悦感、快乐感也是其中之一，这些自然能吸引人们去尝试，去感受其奇妙的使用感受。这样的产品也必定有较好的市场。

> 洗面奶的使用功能就一个——把脸洗干净。有一款洗面奶，它把产品做成了泡沫。当然，泡沫洗面奶也并不稀奇。重点在于，顾客一按泵头，就会出来一朵玫瑰花造型的泡泡。这样造型的洗面奶其功能价值还是洁面。但在使用的时候，一朵玫瑰花型的泡泡挤在手上，就会让人内心产生一种愉悦感。这就是一种使用体验的独特性。

4. 心理价值的独特性

这里讲的"心理价值的独特性"，专门指通过对比，呈现出产品那些特有的独特性，能够让人在心里产生差异感，进而产生心理记忆。

> 一款手机，在人们的认知中，不外乎打电话、发信息、拍照等几项常用功能。没有对比，我们永远不知道一款真正好手机，它的价值有多高。
>
> 人们出门在外，一怕手机没电，二怕手机没信号。OPPO的"充电五分钟，通话两小时"；华为的"卫星电话"，完全解决了人们担忧没电、没信号的困扰。诸如这样的产品功能超乎人们的心理价值，能让潜在客商对其产生极强的好感度，进而在心中形成长效记忆点，产生强烈的合作欲望。

5. 附加价值的独特性

附加价值也是产品优势之一。如果招商企业的产品与市场中竞争对手的产品没有太大的差异性，那么就要从产品的附加价值入手，打造产品优势。

什么可以成为产品的附加价值？这里着重讲的就是在产品之外所提供的优质售前、售后服务。

很多企业做招商，为了成功签单，只注重售前服务，将售后服务抛于脑后。

竞争对手的弱势，正好可以拿来当作我们的优势。不但做好售前服务，还要承诺为客商提供优质的售后服务。让客商售前有服务，售后有保障。这也是产品吸引潜在客商所具备的一大重要优势。

产品的独特性是强有力的市场竞争力，也是吸引潜在客商建立合作关系的关键。向潜在客商充分展示产品所具有的优势，让潜在客商看到和感受到这些优势，可以达到精准开发潜在客商的目的。

展现价格优势，提升市场竞争力

做招商工作，除了向潜在客商展现品牌优势、产品优势之外，还有一个更为重要的点，就是展现价格优势。

因为价格是决定潜在客商是否愿意合作的一个敏感因素。如果招商企业的品牌和产品优势都是令潜在客商看好的，但价格不在他们的预算范围之内，或者直接超过了他们的可接受程度，合作关系依然无法建立。向潜在客商展现价格优势，可以吸引潜在客商选择自己的产品。

那么如何向潜在客商展现价格优势呢？以下是我认为的几种有效的展现方法。

1. 产品价值与价格相结合

价格是产品的价格。抛开产品谈价格，毫无意义。谈价格一定要与产品价值相结合，才能更好地凸显价格优势。

潜在客商更加看重的是产品的品质和实际价值。在招商的过程中，可以向潜在客商展示同类产品的功能和性能，进行对比。

> 可以使用这样的话术："我们明白您更加看重的是产品的性价比，因为这样的产品更具市场前景，毕竟把钱花在刀刃上，才是绝佳的选择。您看我们的这款升级产品，在原有一代产品的基础上，采用最新技术，能给消费者带来更好的使用体验和更长的使用寿命。虽然价格比一代高一点，但在功能上更具优势，而且目前市场上只有我们的产品研发出了二代，这样率先抢占市场的产品一般都非常抢手，物超所值。"

2. 对比竞争对手价格

市场中的竞争对手有很多，潜在客商也经常会对不同品牌的产品和价格做对比。在招商的时候，应当善于拿竞争对手的产品价格做比较，然后用巧妙的话术让潜在客商明白我们自己的价格优势。

如何拿竞争对手的产品价格做对比呢？掌握以下几个步骤，就能轻松应对。

第一步：标的竞争对手

想要拿竞争对手的产品价格做对比，首先要找到适合的竞争对手。

①在自己所在行业选择竞争对手。在同行业中找竞争对手进行产品价格对比才有意义。

②地位与自己相当，其产品与自己的产品之间存在竞争关系。

③同类产品存在价格差异。

第二步：进行价格优势对比

拿市场中竞争对手的同类产品进行价格优势比较，让潜在客商清晰地看到我们的产品价格更具优势。

> 可以用这样的话术来突出自己产品的价格优势。"我们明白您也会对选择合作伙伴方面做一个利弊权衡。我们的产品与XX品牌的相比，虽然价格低廉，但品质这方面一点都不低于它们，甚至可能更好。"

总之，打造价格优势，是企业招商能够取得成功的关键。通过与产品价值相结合、比较竞争对手价格策略，可以提升市场竞争力，更好地赢得潜在客商的青睐，从而达到成功招商的目的。

凸显市场优势，撬动市场增量

在招商过程中，凸显市场优势也是提升成功率的关键因素之一。招商企业具有的市场优势、占据的市场地位等，都是能够成功吸引潜在客商合作所考量的方面。

什么样的优势可以算作市场优势呢？我认为以下几个方面可以作为重点市场优势，展现给潜在客商。

1. 地域王者优势

任何一个"王者"，必然在众多竞争者当中占有绝对优势。如果一个品牌在大的市场范围内没有什么可以与竞争对手一决高下的明显优势，那么可以从地域区间入手，通过有利的相关数据证明，让潜在客商明白，自己是某一地域市场中的"王者"。招商企业作为地域"王者"，产品在市场上就会享有较高的知名度和美誉度，能赢得潜在客商的信任，也能很好地吸引潜在客商积极合作。

> 麻辣火锅并不是人人都喜欢，对于喜欢吃清淡口味的地方，受青睐程度较低，在全国范围内并不能占据整个市场。但在川渝地区，麻辣火锅已经成为一种地域的文化精神，并形成了自己的独特风味。如果某一麻辣火锅品牌在川渝地区的市场已经建立起强势的品牌地位，并表现出强大的竞争力，那么这就是招商企业所具有的市场优势。

能够成为地域王者的品牌，自带特色，更便于消费者形成快速识别和深刻记忆。这样的品牌更容易在市场竞争中保持绝对的优势地位。这一点也是能够吸引潜在客商合作的一个有效策略。

2. 与标杆品牌强强联合

一个人有多成功，要看他与谁相伴。经营企业也要深知这个道理。一个成功的企业，与强者同行，才能更好地提升自己的品牌实力。毕竟，能让某个行业内标杆品牌看中的合作对象，也必然非庸俗之辈。

另外，不同品牌的目标市场不同，通过与标杆品牌强强联合，还有以下几方面好处：

第一，可以共享彼此的品牌资源和市场影响力，增强市场地位；

第二，能够实现彼此优势互补，共同开拓更大的市场空间，共同提升竞争力；

第三，强强联合共同开展合作业务，通过跨界融合，能够形成强有力的合力，进而打破行业壁垒，共同开拓新的市场领域；

第四，市场环境多变复杂，任何企业生存和发展过程中都难以避免各种风险。与标杆品牌强强联合，能够彼此共担风险，降低招商企业所面临的不确定性，有利于保持招商企业的稳定发展态势。

3. 展现样板市场

招商企业一味地向潜在客商称赞产品如何优秀，是难以真正征服潜在客商的。让潜在客商看到实实在在的东西，比侃侃而谈更加有效。向潜在客商展示样板市场，就是一个最为有效的策略。

对于样板市场，招商企业要做好严格管理，无论店面建设还是导购人员工作，都要做到严格化、规范化，使得样板店能更好地代表招商企业的良好形象。潜在客商看到样板市场，自然也会联想到自己的未来，增强他们与招商企业合作的信心。

证明你的市场优势比你的确有市场优势更重要。在向潜在客商展示市场优势的时候，空口无凭，拿出重要且有力的证据，让潜在客商明白你所言不虚，才更有说服力，使得潜在客商信服你的市场优势。

抛出利好政策，给客户吃下定心丸

有的时候，招商企业久久不能拿下潜在客商，是因为对他们来说还没有足够利好的政策吸引到他们。如果你没有吸引住对方，那么你讲得再好，也会无济于事，不会产生任何作用。

向潜在客商抛出必要的利好政策，再临门一脚"激"一把，更容易拿下潜在客商，招商才更容易成功。

1. 产品兜底政策

很多时候，潜在客商没有果断下定合作决心，是因为他们担心产品品质问题，影响销量；担心产品卖不出去，导致过期，造成积压库存，带来众多方面的成本浪费。

作为招商企业，如果能够运用产品兜底法则，则可以为潜在客商排忧解难除隐患，让潜在客商多一重放心和安心。

产品兜底法则，就是为了保障产品不出现问题而采取的一系列措施，让潜在客商放心合作，企业品牌口碑有效提升。

（1）产品质量兜底

招商企业确保产品品质，会通过产品管控、全面检查、流程规范等措施，以及通过第三方检测机构的认证等方法来确保产品品质，让潜在客商对产品更加信任。

在任何时代，产品品质是企业发展的硬道理。产品品质不过关，严重影响招商企业在潜在客商心中的声誉。一家企业，一旦敢于做"质量兜底"，就会自然而然地形成它的品牌优势和竞争优势，带来有效的招商业绩。

（2）产品过期兜底

在销售的过程中，经常会出现商品超过其标示的使用、食用有效期限的情况。这对于销售方来说，货没卖出去，还造成库存积压，造成巨大的损失；或者因为不慎卖出去过期商品，导致消费者投诉等问题。这也是潜在客商所担心的问题。

招商企业可以为潜在客商做产品过期兜底：凡是过期没卖出去的产品，招商企业承担相应的责任，并为客商免费更换全新产品；凡是因为商品过期而导致消费者投诉，招商企业将会通过采取退款、更换新产品货其他补偿方法，解决这些问题。

这些处理措施和方法，就是招商企业对潜在客商做出的产品兜底策略。

2. 利益激励政策

利益激励政策能让客商在合作的过程中从中获利。换一个角度来看，客商是招商企业在市场中的外延部分，客商在市场中代表招商企业参与竞争。招商企业对客商进行必要的利益激励，能有效激发客商的竞争力，增加客商的利益。

如何制定利益激励政策呢？有哪些有力的激励呢？

（1）返利激励

制定相应的返利制度，根据客商的销售情况，按照月返利、季返利、年返利的形式给客商相应的返利。返利激励，既能更好地吸引潜在客商积极加入合作，还能使得客商产生内驱力，为了完成销售目标、赢得返利而不断提升自己的战斗潜能，可谓一箭双雕。

（2）新品销售激励

每一个企业都是在不断更新、迭代产品中求生存的。作为招商企业，每个时间段都会研发出一个新品，并快速铺市。新品上市，往往会吸引很多消费者的眼球，他们纷纷想快人一步"尝尝鲜"，人们的消费热情较高，因此新品的市场前景较为乐观。对于那些做得好的客商，有的招商企业会推出新品销售激励政策，给予他们一些抢先赚钱的机会。

（3）特殊激励

除了以上激励形式之外，还可以有某些特殊激励政策。

> 如精神激励，授予"优秀客商""金牌客商"称号，并能获得招商企业给予的额外补贴，既有成就感，又能获得实实在在的利益。
>
> 如回款期限激励，在合同规定的回款日期基础上，提前一段时间给客商回款，加快客商资金流动速度，减小造成资金链断裂的概率。

有了以上利好政策为潜在客商合作保驾护航，无疑就像给潜在客商吃下了"定心丸"。有了这颗"定心丸"，潜在客商就可以放心、安心地合作。

第七章

会销策划，
全面提升招商力

　　会销是提升企业招商力的重要手段。通过精心策划和实施会销活动，招商企业可以全方位提升自己的招商力，有效吸引潜在客商的注意力，并激发他们的兴趣，从而推动招商活动成功开展。好的会销策划，可以引爆一场招商盛宴。

主题策划：有吸引力才有招商力

会销，即会议销售，通过组织会议的形式来吸引潜在客商，并促使他们与招商企业合作。会销可以说将销售与营销相结合，为招商企业提供了一个与潜在客商面对面交流的机会。做会销，能更好地说服潜在客商出资合作。

做会销，首先要做的就是要明确主题。这是每一个招商企业需要思考的问题。

1. 招商主题类型

关于如何做好招商主题，我在这里分享几个更有价值和吸引力的主题类型。

（1）参与式主题

参与式主题是一种常见的招商主题类型。参与式主题，顾名思义，就是主题内容中可以使潜在客商参与进来，成为与招商企业共同创富、共同实现崇高梦想的一员。这种招商主题，能很好地增加招商企业与潜在客商之间的情感联系。

> 例如以下招商主题：
> 开拓财富，共赢未来；
> 不止盈利，我们共创奇迹；
> 一次决策，终身受益；
> 不是每个机会都叫作明天，今日的加盟，明日的巅峰；
> 不是所有的门都通向成功，但我们的加盟之门，等你开启。

（2）人性化主题

人性化主题，主要是通过企业展示以人为本的品牌价值观与文化，展示企业的关爱和良心，引起潜在客商的共鸣，让他们认同品牌价值观与文化。这类主题能更好地赢得潜在客商的信任。

> 例如以下招商主题：
> 招商引资，造福百姓；
> 信立繁昌，"智"造辉煌；
> 全民参与，亲情招商，建设家乡。

（3）创新式主题

现在市场竞争越来越激烈，招商企业需要在主题上进行创新，才能更好地吸引潜在客商。招商企业可以从消费者角度出发，设计一些更具创意的招商会销主题，增加自己的曝光率。

> 例如以下招商主题：
> 梦开始的地方；
> 扛鼎"商业极地"谁与争锋；
> 朋友是财富，客商是资源，招引是桥梁。

2. 主题策划技巧

有效的招商会销主题策划，不仅能吸引潜在客商的关注，还能让招商企业更好地被记住。优质的会销主题策划，需要讲究一定的技巧。以下是我根据多年来的经验，总结出来的有效策划技巧。

（1）突出核心优势

潜在客商在做出合作决定之前，看重的是招商企业的核心优势。在做主题策划时，要注意突出核心竞争力，使得招商企业能与其他竞争对手区分开来。

> 比如："科技驱动发展，携手共创未来"，向潜在客商展现企业的科技创新能力。

（2）明确招商亮点

潜在客商关注的是自己能够获得的回报以及未来的发展。招商会销主题应当明确表达出招商亮点，以及潜在客商能够获得的回报。

> 比如："加盟优质教育品牌，轻松实现教育创业梦想"，向潜在客商明确表达出合作带来的好处，即实现"教育创业梦想"。

（3）简洁明了

好的招商会销主题应当简洁明了，便于潜在客商阅读、理解和记忆，同时还要清晰表达主题内容。

> 比如："生态韵，科技风，产业城"，这个标题简短明了，更易于

> 潜在客商理解和记忆。

（4）表达合作愿望

做招商，目的就是为了吸引潜在客商纷纷前来合作。在招商会销主题当中表达出强烈的合作愿望和诚意，可以增强潜在客商对招商企业的信任感。

> 比如："诚邀有志之士，携手共创双赢"，表达了招商企业的合作愿望与诚意。

招商会销主题策划是企业招商取得成功的关键。主题吸引力越强，潜在客商的合作意愿越强。通过使用有效的招商会销主题，企业将更容易被潜在客商关注并选择为合作伙伴。

邀约策划：精准邀约，聚焦有效用户

对于招商企业而言，举办一场招商会，缺乏潜在客商参与，就会影响招商成效。招商成功与否，很大程度上取决于潜在客商的参与。邀约就是一个重要的工作环节。

在以往，企业开展招商会，邀约做起来比较轻松，能一下约到几百个潜在客商，因为那时候大环境比较好。如今，邀约如果没有经过精心策划、精心布局，很可能会约不到几个。因为，当前是信息化时代，潜在客商身边的可加盟资源有很多可供选择。招商企业如果没有一整套强有力的招商邀约话术和技巧，很难约来潜在客商参与到其中。

现实情况是，很多招商企业在招商邀约方面做得还不够，常常存在以下痛点：

痛点一：邀约参会者不够精准

很多时候，招商企业在邀约工作上做了很多努力，最后却发现自己邀约来的参会者都不够精准。究其原因，在于根本没有全面了解被邀约对象的需求，最终导致部分被邀约而来的参会者合作意向并不高。

痛点二：邀约成功率不够高

花时间做了努力，最终邀约成功率却不高。这也是很多招商企业感到头疼的问题。很多时候，会发现是因为邀约的方式不当。正应了一句话："方向不对，努力白费"。

参会者属性不同，邀约的方式也应当有所不同，而不是为了省时省力而采用同一种邀约方式。

潜在客商中，有的是已经在其他项目上合作过的老客户，有的是从未打过交道的陌生客户。二者如果采用相同的普通邀约方式，显然对于老客户而言会让他们觉得不够重视，也就影响了参会决策，甚至日后不会再有合作。

痛点三：邀约参会者质量不够高

有的企业在做完邀约工作之后，会发现应邀前来的参会者质量并没有想象的那么高，比如经济实力不太强、经营能力不够强等。

造成这种情况的主要原因是，招商企业的邀约体系不够健全。比如，邀约渠道不够广泛，只选择和媒体、机构等渠道合作进行邀约。有的邀约合作渠道的资源能力有限，没法带来高质量的参会者。

招商邀约的痛点不只限于此，就不在此一一赘述。重点是如何做好邀约策划，提升邀约的成功率？

第一步：列出名单

在正式发起邀约之前，要列出一个详细的潜在客商邀约名单。具体在罗列的时候，要掌握以下要点。

（1）分类罗列

明确细分的邀约潜在客户名单，能分门别类，做出更加精细化邀约策略。通常，潜在客商类型分为：

①陌生客商，即从未合作过的客商；

②意向客商，即对本次招商项目主打表达有合作兴趣的客商；

③合作客商，即之前或当下与招商企业在某个项目上有合作关系。

（2）确保有效

确保有效，就是要确保名单中罗列的潜在客商可以联系得到。名单并不等于潜在客商的名字，还要包括相关对接人的姓名、电话、职务等。

第二步：发起邀约

1. 邀约形式的选择

邀约，即邀请约会，就是以某一种形式邀请对方参加某项活动。潜在客商属性不同，邀约方式也有所不同，才能产生想要的邀约效果。

（1）陌生客商

陌生客商由于从未合作过，只需要通过普通邀约方式（如短信、邮件、电话等），发出邀请即可。这部分客商在整个参会者当中占较大比例，是不可忽视的客商群体。

（2）意向客商

对于这类客商，可以采用定向邀约的方式。不但可以让他们感受到被重视的感觉，更能因此而提升邀约成功率，进而提升招商的成功率。

定向邀约有三种类型：

①招商定向邀约：就是招商企业一对一邀请潜在客商，让潜在客商感受到招商企业的热情。

②邀请码邀约：就是招商企业针对潜在客商生成一个邀请码，作为参加招商会的门票发送给潜在客商。

③邀请函邀约：就是通过邮寄、派送的方式，或者以数字化邀请函的形式，将邀请函递交给潜在客商。

（3）合作客商

对于这类客商，可以通过面对面邀约的方式，给予足够的重视，也体现了招商企业的真诚，盛情难却，能大幅增加合作客商的到会概率；或者通过发送优惠码的形式对其发起邀约，通过相应的会员福利吸引合作客商参与招商会，延续与他们后续的合作关系。

2. 邀约要点

邀约潜在客户前来，也要用心去做，做好细节工作。以下要点需要引起足够重视。

（1）确保邀约信息准确

在向潜在客商发出邀约时，要明确告知潜在客商会议的时间、地点、主题、议程安排等相关信息，便于潜在客商更好地了解招商会情况，做出参会决策。同时，还要确保信息准确无误，避免出现误导的情况。

（2）多形式呈现招商会价值

真正能吸引潜在客商前来参与招商会的是招商会本身所具有的价值。这也就意味着，招商企业要让潜在客商看到这次招商会究竟是否值得他们参与，要尽可能突出会议优势，比如招商会的介绍、议题、重量级嘉宾演讲、前沿行业动态分享等，尽可能吸引潜在客商做出参会决定。

3. 邀约技巧

开展招商活动，成功邀约是前提。潜在客商不来，没有办法谈合作，更是很难出业绩。在招商会之前，做好邀约工作，掌握有效邀约技巧，实现邀约成功率翻一番。

（1）微笑说话

微笑是拉近彼此距离的最好方式。不论是陌生客商还是合作客商，不论是面对面邀约，还是电话邀约，微笑地说话，能让人从面部表情和说话声音当中感受到我们的亲和力，并在内心产生愉悦感，帮助我们快速进入对方的时空。

（2）降低防备

对于陌生客商而言，有陌生人打电话或来公司做邀约，担心会被"收割"，这是极为正常的心理反应。我们应当尽可能降低陌生客商的防备心理。向其表明只需要给自己两分钟时间。一般人听到"两分钟"就会觉得反正才两分钟，不妨听听看的想法。此时，我们就已经为自己争取了让对方降低防备心理的时间，也给了自己一个邀约的机会。在这两分钟时间里，要逻辑思维清晰，简单明了地向陌生客商表明来意，并强调可以为他们提供的清晰、透明的信息和方案。

（3）框定时间

"你最近什么时候有时间？"这样的时间询问会给人一种模糊感。在邀约客商的时候，如果用这样的方式来询问客商，会让其犹豫不决。如果直截了当地给潜在客商一个明确的时间选择，比如"这周三上午还是下午，哪个时间您方便？我去您公司和您面谈"，即能彰显我们的高效性和专业性，又能让其感受到我们的尊重，有助于让他们快速做出决定。

（4）点到为止

因为是做邀约，并不是正式开招商会，所以无论是面对面邀约，还是电话邀约，言辞间应点到为止，最为适宜。除非潜在客商对我们的招商项目表现出极大的兴趣，并主动提问相关事宜，否则不必做过多的说明或解释。过犹不及，反而让潜在客商失去兴趣，甚至产生反感。

（5）利益邀约

利益是吸引潜在客商前来参加招商会的重要因素。在邀约客商时，给他们一些利益，可以有效激发他们的参与兴趣，同时也能看到招商企业的诚意和专业性。

①礼品邀约法

对于陌生客商而言，因为没有合作过，对产品一点也不了解，不知道产品未来是否有好的销路。所以，在邀约的时候，可以为潜在客商准备一些产品作为小礼物，也可以让他们接触产品、体验产品。

②效果邀约法

对于之前已经有过合作的客商，可以采用效果邀约法。根据之前客商的盈利数据等，告诉客商，第一次合作效果很不错，接下来的合作相信会有更好的合作效果。

③新品邀约法

对于老客商，可以用这个方法。即新品只与老客商合作，让老客商有一种优越感。

第三步：邀约跟进

前期做完邀约工作，还需要在后期进行邀约跟进。跟进其实是对潜在客商参与招商会做一个确认。在前期做邀约工作时，对潜在客商做一个跟进记录。通常，根据应邀情况，被邀约的潜在客商分为三类：

（1）"爽快去"的潜在客商

"爽快去"的潜在客商，通常对招商会表现出极大的兴趣，他们参加招商会的意愿十分强烈。

（2）"可以去"的潜在客商

"可以去"的潜在客商，可能是因为碍于与招商企业之间的关系才决定去，但对本次招商会项目的兴趣不大；或者是对招商会不太感兴趣，可去可不去，只是抱着观望的态度去参加。

（3）"拒绝去"的潜在客商

"拒绝去"的潜在客商，很明显对招商会的项目并不感兴趣，觉得去了就是在浪费时间。

对于这类没有参加招商会兴趣的潜在客商，需要稍加一些策略"推波助澜"。

①表明机会稀缺

在商业领域中，企业的需求是无限的，但资源却是有限的。机会越稀缺，越能激起人们抓住它的欲望。基于这个心理，可以向拒绝邀约的潜在客商表明此次招商会的稀缺性，以此激发他们积极应邀。

②欢迎下次再来

对于那些丝毫不感兴趣的潜在客商来讲，切忌"穷追猛打"的跟进方式，要把握好跟进的尺度。向他们真诚地表明欢迎他们参加下次招商会的心理，为下次招商会邀约他们到场做铺垫。

邀约是开办招商会的必需步骤，需要做好计划与规划，每一个小细节都要落实到位，这样才能更好地体现招商会的价值，才能实现成功邀约。

演讲策划：细节攻心，引爆成交热潮

一场招商会的成功举办，离不开一场精彩的演讲。在招商过程中，很多人不知道该讲什么，企业再有实力也展示不出来，不知道从何开始说起。

如果前面邀约做得很成功，吸引来了很多潜在客商前来参加招商会。但招商会上的演讲却做得非常糟糕，那么招商结果就必定会很不理想。

其实，凡事有方法、有程序，按照既定的流程走，往往是最靠谱、最成功的招商方式。

如何做一场引人入胜的招商会演讲呢？

第一步：确定目标与受众

在做招商会演讲之前，一定要先做好三件事：

1. 设定目标

演讲的内容应当根据招商会的目标来定，因此在演讲之前要明确本次演讲的目标是为了向潜在客商传递什么信息？是为了提升品牌知名度，还是为了介绍招商项目优势，还是为了实现成交目的？

2. 了解受众

对于潜在客商的相关信息，包括需求、兴趣和期望等要有清晰的了解。同时还要对他们的背景、关注点、痛点等有一个明确的认知，以便做定制化演讲内容。

3. 设定大纲

创建一个演讲大纲，罗列出需要演讲的内容和顺序。有了大纲的指引，演讲的过程中就能有章可循，有条不紊地进行。

第二步：准备演讲稿件

接下来就是要精心准备演讲稿件。想要让自己的思维变得更加缜密，语言逻辑更加清晰，说服潜在客商合作，就必须精心准备一份演讲稿。

1. 设计引人入胜的开场

精彩的开场白可以快速抓住听众的注意力，决定招商的成败。在主持人热场之后，就是主讲人的主场。在演讲开场的时候，可以制造悬念、精准的数据、金句引用或以提问互动等方式开场。这样的开场方式比上来直接就进入主题更能吸引潜在客商的兴趣，能迅速抓住他们的注意力。

2. 确保逻辑结构清晰

招商会演讲不仅是为了向潜在客商传递信息，更是为了影响和激发潜在客商情感，达到签单的目的。演讲稿的结构逻辑严密与条理清晰，能产生很好的演讲效果。

具体来讲，就是要在开始的时候就引起兴趣，然后借助统计数据、科学研究、权威引用、案例见证等方法，围绕观点，进行一系列的操作，包括优势展示、问题解决、呼吁行动等逻辑清晰的结构，让潜在客商对招商企业产生好感，对招商项目充满信心，最终对招商项目产生合作意愿。

第三步：正式开始演讲

千篇一律的招商演讲，只能让人觉得无趣，甚至让人昏昏欲睡，想要离开会场。演讲的过程中，不仅要在内容上取胜，还要在演讲技巧上胜人一筹。

1. 状态饱满

在现场既要做到激情活泼，给现场带来强煽动性；又要做到朴实沉稳，向受众展示自己的自信、务实、精专和坦诚。

尤其要自信。演讲的时候自己都不够自信，那么凭什么要求潜在客商相信我们？潜在客商对我们的产品、技术不了解，他们是否愿意下定决心与我们合作，还取决于我们对自己的产品是否有信心。演讲人自己精神状态饱满，充满信心，才能将信心传递给潜在客商。

2. 做好情感连接

演讲人其实就是一个将产品与潜在客商连接起来的桥梁。面对台下的潜在客商，通过互动的方式，将其快速带入到招商情境当中。在演讲的过程中，永远不要埋头对台下观众读演讲稿，更不要在台上背诵稿件。语言跌宕起伏，有情感、有互动的演讲，更易于将产品与潜在客商连接起来。

3. 独特语言模式

并不是每个人都是天生的演讲家。在演讲的时候，注意控制语速。既要保证讲的内容清楚，又不至于因为语速过快而导致犯错。

4. 讲行业趋势

行业未来发展趋势，未来前景如何、市场规模如何、财富空间如何，这些都是潜在客商非常关心的话题。讲行业趋势，最好用数据做佐证，更有说服力。

5. 讲项目优势

项目优势是招商会演讲中必讲的内容。明确告知与潜在客商合作能为他们带来什么好处。好处是潜在客商愿意合作的底层逻辑，财富自由、获得美好的未来是一切商业行为的目的。所以，介绍招商项目、产品，一定要讲能够给潜在客商带来的好处。这个好处一定能与他们积极加入合作的强烈欲望有关。好处越具体、越可视化，效果越好。

6. 讲成功案例

榜样的力量是无穷的。已经发生过的真实案例，能够向潜在客商传递一种信心。别人能够成功，你也可以做到。情绪的转移，身份的互换，能够更加坚定潜在客商的合作信心。

7. 故事留下记忆点

在招商会上，潜在客商听了太多的展示演讲，无法一一记住。可以采用具有表现力的修辞手法，讲一个足够吸引人的故事，与台下观众产生共情。并在产品展示的时候多次提及，让潜在客商牢记，给他们留下记忆点，此时演讲就成功了一半。

8. 重视结尾提问环节

最好提前对台下与会者提出的问题、企业自身项目优势，以及应对策略等做好准备，要做到胸有成竹。另外，学会倾听，听清楚问题的关键才能精准作答，避免答非所问。而且不要敷衍，不要牵强附会，这样是十分不可取的。

一场逻辑严密、条理清晰的演讲，对于招商会的效果至关重要。演讲者可以向潜在客商传达与招商相关的信息，与观众建立更强的联系，达到预期的招商目标。

促单策划：踢好临门一脚更容易成功

举办招商会的最终目的就是为了达成成交。但很多时候，潜在客商互动很配合，整个会场氛围十分融洽，但潜在客商就是迟迟不肯签单。有的潜在客商会说需要再考虑考虑，有的潜在客商会要等资金到位再说，有的潜在客商会以回去和老板商量后再做决定为借口……这样的情况让人感到十分头疼。

其实做好促单策划，踢好临门一脚，签单更容易成功。

"临门一脚"，本意是在踢球的时候，队友之间相互配合，通过一个决定性作用的动作，将球射进了球门。最后射门的过程，就称之为"临门一脚"。

在招商领域，"临门一脚"也就是平常所说的"促单"。

1. 促单技巧

（1）单刀直入促单法

单刀直入法，就是非常直截了当、不绕弯子地表达出对潜在客商的签单意图。这种方法的优点在于高效与直接，有效减少沟通成本和时间。

> 比如：我们可以直接对潜在客商说："如果大家没有其他问题，那么我们现在就签单吧。"

（2）二选一促单法

二选一法，就是为潜在客商提供两种解决方案。无论潜在客商选什么，都可以达成想要的合作目的。

二选一法的本质，就是让潜在客商避开"合作还是不合作"的问题，直接进入"选 A 还是 B"的问题。

> 比如：可以用这样的话术："产品市场前景大家有目共睹，大家都放心签单。您看是选择合作一年优惠 9 折，还是选择合作三年优惠 7 折呢？"

（3）定金促单法

如果收全款，可能潜在客商会有所犹豫，甚至可能会因为资金量较大，让那些现金流有限的潜在客商造成跑单。想要实现促单，让潜在客商快速签单，一个很好的方法就是用"交定金"的方法锁定潜在客商。

（4）价格分解促单法

有的时候，潜在客商会认为价格超出了自己的预算，因此而犹豫和徘徊。面对这类潜在客商，可以将价格进行分解，将一个大的金额分解成一个个小数目，这样更容易让潜在客商接受和签单。

> 可以使用这样的话术："没关系，如果您一次性支付感觉有压力，我们还有一个分期支付政策，您可以定期支付一小部分费用。既能缓解资金压力，又不耽误您抓住这次合作机会，创造更大的财富。您大可放心签单啦。"

（5）行为促单法

很多时候，潜在客商还没有下定决心合作。此时，我们只要采取一些小小的行动，就能促使他们快速下单。

> 通过向潜在客商展示合作协议，并主动为潜在客商递上笔，促成签单。
>
> 或者告知潜在客商："为了便于日后为您及时提供满意的相关服务，请您登记一下您的联系地址和方式。"
>
> 或者直接询问潜在客商："您用现金还是刷卡？"

2. 促单原则

（1）具体问题具体分析原则

招商过程中，我们会遇到各种类型的潜在客商，他们在签单前，由于各种原因导致不能及时做出签单决定。此时，我们就要具体问题具体分析，而不是面对所有潜在客商都相同对待，采用相同的促单方法来应对。随意应对依旧难以达到促单目的。

> 比如：有的潜在客商因为资金压力而没有及时签单，招商人员却直接上来用"二选一"的方法促单，显然并没有解决潜在客商面临的实际问题，对于催促潜在客商签单毫无益处。

（2）换人重复"射门"原则

有的时候，招商人员促单的方式方法并未奏效，如果就此放弃，无疑会让潜在客商跑掉。既然第一个招商人员没有完成促单任务，那么就换另一个人重复做"临门一脚"的动作，进行再次促单。

当然，轮番作战也要讲究一个"度"。对于那些有意向的潜在客户，可以换人重复"射门"。对于那些丝毫没有兴趣的潜在客商，或者重复"射门"三次还依旧没有"拿下"的潜在客商，就需要果断放弃。

唱单策划：现场唱单，从众心理促成客商积极签单

在招商的过程中，经常会发现，有的客商签单后，那些还在一边观望的潜在客商会因为"大家都签单了，我也要签单"的心理而达成合作关系。这种"大家都签单了，我也要签单"的心理，就是从众心理。

在心理学中，有一种效应叫作"羊群效应"。羊群平时十分散乱，它们会盲目地乱冲乱撞，但一旦有头羊发现了草场并行动起来，其他羊就会不假思索地跟上来。简单来说，"羊群效应"就是头羊往哪里走，其他的羊就会跟随去哪里。

招商过程中，完全可以借助这种人们喜欢凑热闹的心理，促使潜在客商认为："这么多人选择与这家企业合作一定不会有错"，所以也就对招商企业产品产生信赖，进而下定决心签单。

唱单，就是借助从众心理而促使潜在客商签单的一种有效策略。

具体来讲，就是在第一批潜在客商签单成功后，由主讲人或主持人现场唱单，包括成功签单客商的名字、单位名称，以及签单协议与转账记录等信息。

如何做好唱单这一环的工作呢？这里我分享一下我的一些方法：

1. 先唱实力较强的客商名单

不论签单客商有多少，在唱单的时候，先唱实力较强的客商名单。这样，其他未签单的潜在客商会认为，如此有实力的企业都加入了合作行列，自然会觉得未来合作必定能有好的发展前景。由此想要吸引那些持观望态度的潜在客商签单则会容易很多。

2. 唱单要实事求是

有的人认为，唱单的时候，通过找自己熟识的人做"托"，用来冷场救急，氛围营造，积极带动等，以此来激发潜在客商的从众心理，进而提升合作积极性。当尚未签单的潜在客商，看到"身边人"陆续合作签单、刷卡，能有效引导他们积极签单。这样做，的确可以达到快速增加签单量的效果，但没有不透风的墙，如果不小心被揭穿，那么损失的是招商企业本身的形象和声誉，得不偿失，非常不可取。唱单就是要实事求是，不可弄虚作假。

3. 视听相结合

主讲人或主持人通常会以口播的方式，将成交信息传达给现场处于观望状

态的潜在客商。

但据相关专业机构研究数据显示：人的大脑每天通过五种感官接受外部信息的比例分别为：视觉83%，听觉11%，嗅觉3.5%，触觉1.5%，味觉1%。

想要让唱单信息更好地被潜在客商接受并记忆在脑海中，视觉与听觉相结合，达到的效果则最佳。因此，除了现场主讲人或主持人以口播的方式唱单之外，还可以在舞台大屏幕上滚动播放成功签单客商的名字、单位名称、签单协议与转账记录，多方位提升潜在客商接受信息的概率。

唱单在招商会销现场必不可少，能很好地展现现场的热烈氛围，引导和激发潜在客商快速签单，提升现场成交率。但需要注意的是，每过一个时间段，就循环往复唱单一次，能更好地给未签单的客商制造紧迫感，促使他们产生一种不想错失成交机会的心理。

服务策划：会后跟踪与回访，扩大战果

一场招商会紧张有序完毕之后，扩大战果是关键环节。趁热打铁，抓住招商会后黄金 72 小时，做好客商跟踪与回访，制定相关服务策划，为下次招商会的成功举办打好基础。

1. 以礼相待

一场招商会忙碌下来，并不是所有潜在客商都愿意加入合作。但不论已经签单的还是没有签单的公司，他们能够前来参加本次招商会，就是对招商企业极大的支持和最大的信任。所以，招商会结束后，我们依旧要像开招商会前一样，用平常心对每一位客商以礼相待。相关负责人，如招商经理，亲自将客商送上车，以示感谢，以及期待日后的合作等。

2. 诚恳询问

群众的眼睛是雪亮的，对于本次招商会举办的好与坏，有一个十分公正的判断。可以在第二天上午 10:00~11:30，以及下午 2:30~5:00 这两个时间段（这两个时间是潜在客商正常工作时间，不耽误其午休）打电话，以非常诚恳的姿态询问他们对本次招商项目、招商服务有什么宝贵的建议，同时表示欢迎他们随时到公司喝茶、聊天。

3. 推进服务

对于已经签单的客商，接下来最重要的事情，就是要积极推进相关服务工作。与客商协商相关培训、选址、店面设计等事宜，确保他们的商业活动有序、高效进行。

一场成功的招商会，需要精心策划、充分准备、有效执行和持续跟进。少一个环节，都会让招商目标大打折扣。做好每一个细节，有助于招商工作的顺利开展，才能赢得更多的商业合作机会。

第八章

靶向招商，
精准锁定目标客商

　　招商对于企业和经销商来讲，是一个双向选择的共同创富机会。如果经销商选择不当，在以后的经营过程中，就会因此而影响整个企业的发展前景。招商变成了"招伤"。在选择经销商的过程中，要擦亮眼睛，层层筛选，找到属于自己的精准目标客商。

确定招商目标，有目标就有方向

招商并不是一蹴而就的事情。在正式招商之前，制定明确的招商目标，有助于招商成员在工作过程中有目的、有目标地进行，提高招商的成功率。合理的招商目标，能引导企业寻找适合自己的招商伙伴，并制定出相应的招商策略。正所谓："有目标就有方向，有方向就有动力，有动力才能实现目标。"

如何明确招商目标呢？我认为应当包含以下几个关键：

1. 确定招商产品品种与数量

明确招商目标，首先要企业根据自身产能和市场需求，明确招商所需要的产品品种和数量。这样做，便于根据产品品种和数量有针对性地寻找合作客商，确定合作客商数量，保障招商工作有规划进行，提高招商的成功率。

2. 明确招商对象

招商对象是根据产品或服务特点来定的。同时，要针对商圈中各类人群的共同特性或相同需求爱好，确定市场范围。

> 比如：服装批发市场主要针对的是批发商，而不是普通消费者。

明确招商对象，就有了明确的市场方向，招商工作做起来就会更加清晰与明确。

招商对象可以分为四类：签约潜在客商；即将签约潜在客商；一般潜在客商；无希望签约客商。

通过分析，可以根据招商对象的不同情况，采用有针对性的招商方式和策略，开展招商活动。

对于第一类招商对象，经常走访，了解经营情况，保持友好关系；对于第二类招商对象，重点拜访、做宣传，耐心说服，努力将其发展为第一类招商对象；第三类招商对象，顺其自然，有机会绝不放过，努力把他们发展成为第二类招商对象；对于第四类招商对象，观察有无转变可能，尽可能把第四类招商对象上升为第三类招商对象。

明确了招商对象，招商工作就已经成功了一半。

3. 确定招商时间表

一场招商活动的举办，需要做的工作十分烦琐，时间也较长。从计划招商→市场调查→筹备招商→邀约→正式招商→商务谈判→签约→后期服务与跟进等，历经多个环节、多个阶段。

每个环节和阶段，都要确定清晰的启动时间、完成时间对招行工作进行指引，确保工作能够在预期时限内完成，保证整个招商工作有序、高效进行。

4. 设定招商预期目标

招商预期目标，包含市场影响力度、销售额、市场份额、签单数量等。同时，还要制定长期目标和短期目标，确保招商目标能够清晰具体、切实可行。另外，招商预期目标的设定还应注重灵活性，确保在出现市场变化和不确定性的时候，能够随机应变、灵活调整。

招商目标的设定，要遵循以下要点：

(1) 考虑市场占有率

企业做招商的目标之一，就是扩大市场份额。在设定招商目标的时候，要综合考虑自身产品在市场中的占有率，以及潜在市场规模等因素，确保招商目标的科学性、合理性。否则招商目标虚高，市场需求量有限，则不切实际，难以达成招商目标，让招商人员难以获得成就感，容易打击招商人员的积极性，影响日后招商。

（2）目标指标可量化

招商目标切忌模糊不清、指向不明。目标量化、具体化，是招商目标设定的重中之重。

> 比如：将招商销售额增长的长期目标具体化为每年增长30%，短期目标具体化为每个月增长3%。量化目标能够使得招商目标更加具有可衡量性，便于做招商成果评估。

（3）与企业整体战略一致

招商是企业发展和壮大的一种重要手段。设定的招商目标一定要与企业的整体战略保持一致，否则会影响企业整体的发展进程。另外，要注意短期目标与长期目标相结合，过分追求短期利益，对企业长期发展不利。

招商目标设定的重要性不可忽视。科学设定招商目标，有利于后续采取针对性招商策略，实施有效的目标达成方法，推动企业招商效果的显著提升。

5. 确定招商渠道

当下可利用的招商渠道有很多，招商企业可以根据自身具体情况和目标进行个性化选择。将线上线下渠道相结合，构建全面的招商网络，提高渠道覆盖率，可以让企业产品或服务触达更多的潜在客商，提升签单量。

6. 确定招商方式

招商方式也就是企业实现扩张的布局模式。

（1）直销模式

直销模式就是去掉中间商，由产品生产企业直接与潜在客商对接，达成合作关系。这种模式可以降低投入成本，因此受到潜在客商的青睐；对于招商企业来讲，可以自己控制招商渠道，实现流量转化。

（2）分销模式

分销模式就是产品生产企业交由中间商做代理，利用中间商的渠道资源为自己招来合作客商。分销模式的特点是，将招商工作交给中间商去做，省心省力，降低招商成本。

（3）加盟模式

加盟模式就是寻找加盟商，加盟企业产品，并授权加盟商使用品牌和经营模式，共同开拓市场。

（4）合作模式

合作模式就是招商企业寻找与自己有共同目标和价值观的企业一同合作，共同开发新市场或新产品。在这种模式下，无论是招聘方还是被招聘方，为了共同的目标而献计献策，共担风险，共创辉煌。

客商定位，锁定目标客商群

在正式开展招商活动之前，确定目标客商并进行客商定位与分析，是一项非常重要的工作。这对于招商企业精准实施有效的招商策略，提升招商成功率，有很大的帮助。

1. 客商定位的优势

做客商定位，主要可以给企业招商带来三方面的好处。

第一，实现精准招商

做任何事情，不打无准备之仗。明确对方是谁，有何特点，才能更好地找到应对措施。招商也是如此。通过明确目标客商的特点和需求，可以帮助招商企业更好地了解潜在客商的合作意向和喜好，从而能够有针对性地推出招商策略，提高招商的成功概率。

第二，实现资源的有效配置

清晰的客商定位，能让招商企业更好地了解目标客商的消费能力和需求，从而为其提供更加符合其消费能力和需求的产品或服务，达到资源合理配置的目的。这对于提升招商企业竞争力大有裨益。

第三，实现精准营销

有了精准的目标客商群体，就可以针对性地做营销推广，选用合适的媒体和渠道，向目标客商群体精准传达有效的招商信息。

2. 客商定位方法

（1）市场调研

在开展招商活动之前，想要做客商定位，首先要了解潜在客商有何种需求，是否与企业自身招商项目产品相匹配。因此，通过问卷调查、访谈等方法，了解目标客商的特点、需求、成交习惯，以及竞争对手情况，做好精准市场调研，为目标客商定位提供有力支持。

（2）客商画像

所谓"客商画像"就是尽量全面地对客商所在地域、成交习惯、兴趣喜好等重要信息，做一个精准的数据描述。

客商画像，就是对客商全貌信息进行标签化、可视化。通过客商画像，可以很好地分析不同群体的各项指标，洞察客商群体的核心特质。而且还可以还原客商真实需求，从而更好地满足目标客商需求，为招商活动提供有效的策略指导。

凡事预则立，不预则废。招商要想"出彩"，就要做好目标客商定位，为招商企业带来更多价值客商，创造更多的盈利。

初步界定，寻找潜在客商

想要获得精准客商，除了需要有明确的招商目标，还需要独具慧眼，有界定潜在客商的能力。初步界定，其实就是做初步筛选。

因为潜在客商有很多，并不是每一位潜在客商都是企业最好的、最适合的合作伙伴。如果客商不对，努力白费。在招商过程中，潜在客商的精准性，在招商成败中，占25%的比重。只有满足一定条件，才能称得上真正意义上的潜在客商。

1. 潜在客商初步界定法则

关于如何初步界定哪些人是潜在客商，我认为需要遵循一个"MAN法则"。

（1）M（money），购买实力

企业做招商，目的就是把产品卖出去，把资金引进来。具有一定的资金实力和一定的购买实力，是招商对象的一个重要条件。

在日常经营过程中，首先需要有资金实力购买招商项目产品；其次需要有足够的资金来支持店铺的投资，如店铺租金、装修费用等，以及足够的资金维持日常运营，如员工工资等。

没有一定资金实力的企业，即便有加入合作的意愿，也是"心有余而力不足"。招商合作关系难以达成，难以维持日后销售工作的正常运行。

（2）A（authority），购买决策权

前来参与招商会的与会者，有些人对招商项目非常感兴趣，也有很强的投资合作意愿，但他并不是直接负责人，没有购买决策权。很多招商人员最后没有能与潜在客商成交的原因，就是找错了招商对象，找的招商对象没有购买决策权。

（3）N（need），购买需求

潜在客商除了需要具有购买实力，具有购买决策权，还需要对招商项目产品有购买需求。即使具有购买实力和购买决策权，但没有购买需求，也不会考虑签单成交。这样的潜在客商并不能为企业带来盈利，并不是企业需要的潜在客商。

举个简单的例子。某家电零售商派一名工作人员前来参加某家电生产商召开的招商会，参会的初衷是了解家电领域最前沿的行情与趋势。

> 在招商会上,该工作人员对家电生产商的一款集科技与人性化于一体的抽油烟机产生了极大的兴趣。但在进入签单成交环节时,该工作人员却表示,自己虽然喜欢这款产品,但并不能代表公司的喜好,不能做出合作决策,需要向领导请示,看公司是否对产品有需要。
>
> 　　这样的人并不具备决策权,本身也没有购买需求。招商人员即便努力服务,也难以达成合作。

2. 潜在客商初步界定方法

明确初步界定潜在客商的三大法则后,重要的是通过什么方法去界定。凭借多年来的工作经验,我在这里分享几个有效的方法。

（1）成交历史映射潜在客商的"买得起"

想要知道一个人是什么样的消费水平,观察他过去购买了什么,以及正在购买什么,可以做出推断。通常,一个人购买的产品价格较高,说明其有较强的资金实力。在招商领域,这个规律同样适用。可以考察潜在客商以往的合作项目和项目投资资金,就能判断出其是否有资金实力。

（2）成交频率筛选潜在客商"有需要"

一个人经常买什么,一般情况下是因为他缺什么,十分需要什么。同样,一家公司经常参加哪个领域企业的招商活动,在哪些产品方面成交频率较高,就说明对这方面的产品有更多的需求。如果这家公司成交频率较高的产品正好与招商企业自身产品相似或相同,那么这家公司就是招商企业急切寻找的合作伙伴。

（3）了解角色筛选潜在客商"有决策权"

在招商的过程中,有些参会者会直接表明自己不负责,没有决策权。但有些人并不会如此。招商人员要通过观察和询问的方式,了解其角色,判断其是否有决策权。

招商作为一种商业手段,其核心就是"客商"。清晰地了解到谁是真正的潜在客商,谁是最优质的潜在客商,才能精准地将潜在客户锁定,并促成成交。

做客户背调，多维了解多重筛选

将产品销售给客商，与销售给消费者，本质上是有所不同的。销售给客商，在带来盈利的同时，也可能存在一定的风险。

将品牌授权给合作客商，客商销售的是招商企业的产品，其形象也在一定程度上影响着招商企业的形象。选择合作客商，一定要把好关。要多重筛选那些符合条件的，才能进入下一轮筛选；不符合条件的，即便实力再强大、资金再雄厚，也要避开，更不能让其成为招商企业的战略合作伙伴。

做客商背调，多维了解多重筛选，有助于招商企业收获更加适合自己的合作客商。

1. 资源考察

在商业领域中，最贵的就是资源。具有丰富渠道资源、广泛人脉资源的客商，能更好地拓展市场，提升招商企业品牌的知名度和影响力，能为招商企业带来更多的业绩和盈利。招商企业在选择客商合作时，要考察其是否拥有广泛的社交圈、商业合作伙伴等资源。与资源强大的客商合作，强强联手，更胜一筹。

2. 声誉考察

好声誉走遍天下。声誉良好、口碑良好，也是招商企业需要对客商考察的重点。客商的信誉度会影响到产品在市场中的销量，更重要的是会影响招商企业在市场中的口碑。与注重诚信、守法经营的客商合作，能够共同维护良好的市场秩序，彼此在业内赢得良好口碑。信誉度差的客商，与之合作得不偿失，不可取。通过查阅客户评价、行业口碑，以及行业内其他供应商的合作历史，全方位了解客商的信誉度。

3. 管理能力考察

管理能力好的公司，一般执行能力强。这样的客商能激发团队工作热情和积极性，挖掘团队潜力，带领公司团队各司其职，高效运转，从而取得更好的销售业绩。通过对客商团队、物流、资金流、信息流的管理状况，判断其管理能力高低。那些外强中干的客商，并非最佳选择。

4. 经营情况考察

客商经营情况也是需要考察的一个重要方面。想要更直观地了解客商的经营状况，还得到其所经营的店铺，观察其线下店内每日顾客流量以及销售数量等，观察其线上每日的产品销量，以及客户评价等。如果每天到店消费的顾客络绎不绝，成交量可观、客户评价优良，则其经营状况一定不会差。

5. 经营经验考察

有经营经验的客商，一般各方面的能力都不错，能够帮助我们更好地开拓市场。通常，经营年限较长的客商，在日常业务活动过程中积累了大量的经验。否则，没有良好的经营经验，一家公司在市场竞争如此激烈的环境下，难以存活很长时间。

6. 财务状况考察

选择一家财务状况良好的客商合作，是确保合作成功的关键。一家财务状况良好的客商，通常现金流稳定，能在市场波动时依旧保持稳健发展。可以通过查阅客商的财务报表、通过公开信息渠道查询财务数据和信息等方式，考察客商的真实财务状况。

7. 市场能力考察

市场能力越强，销售能力越高，在市场竞争中具有不被竞争对手击垮的能力越强。这样的客商对于招商企业来说，是很好的选择对象。考察客商的市场能力，可以通过查看客商的客户名单、跟踪客商的送货车辆、询问客商员工、向终端客户咨询等方法去了解。

客商的选择，一开始就要遵循宽进严出的原则。对于以上考察项目，可以列出一个客商评估表，分为优秀、良好、一般、较差四个等级。优先选择那些优秀的客商作为合作对象，淘汰掉那些较差的客商。经过这样多维度、重重筛选，我们就可以精准获得高质量客商。

第九章

创新招商策略，
收获海量客户

随着招商形势的不断发展，科学技术的创新，传统招商方式的劣势正在不断显现，招商效果不明显，没有可持续性，使得招商活动流于形式。探索更多与当下时代发展更加契合的创新招商策略，可以助力企业收获海量用户，在招商项目推进上取得更大的突破。

社群式招商，引爆私域流量

近些年，越来越多的企业开始做起了社群式招商。社群式招商，就是利用社群经济，组织兴趣社群、行业社群等，通过这些渠道寻找有共同创富梦想的合作伙伴。

社群式招商的成功之处在于，通过利用社群平台，明确目标客商；借助有效的客户管理和招商策略，引爆私域流量，与目标客商建立信任，帮助招商企业迅速吸引潜在客商，从而增加招商成功率。具体来讲，社群式招商具有三大优势。

优势一：高精度匹配目标群体

俗话说："人以群分，物以类聚"。社群是一群或者一个中心化领袖有制度、有目标地建立和主导，形成的一个精神和利益共同体。社群成员之间自发互动、交流。社群成员之间的社交可以是熟人之间，也可以是陌生人之间。大家为了满足兴趣、参与感、归属感、存在感而走到一起。在社群内彼此推荐和分享自己心仪的产品，这些产品也是社群成员感兴趣的产品，因此具有产品与社群目标群体高精度匹配的特点，从而有效提升产品成交量。

优势二：基于信任的合作转化率倍增

社群完全具备"信任 + 推荐"的条件。在社群里，群主就是社群的 KOL（关键意见领袖）。KOL 在其领域有很强的号召力、影响力，在广大民众中具有很强的公信力，这类人往往在某一特定领域掌握很多专业知识，并且对这一领域的产品有很强的见地、对某一领域表现出很强的天赋或兴趣。KOL 的粉丝黏性很强，价值观、兴趣爱好等都能得到粉丝的认可。KOL 来背书，这样可以在社群中建立起专业感，能够赢得社群成员的信任。

群主作为 KOL，主动分享专业知识、经验、故事和方法技巧，增强社群成员互动性的同时，也加强了成员之间的联系与信任。基于这种强关系，群主在社群当中推荐一款产品，并在群中分享产品价值，很容易得到群成员的认同。整个社群内只要有几个人加入购买合作行列，其他人都会跟随其后，产生合作行为。社群式招商，让招商变得相对容易和轻松。

优势三：流量私域化助推成功招商

能够聚集在社群当中的每一个成员，对于群主来讲，都是自己沉淀下来的私域流量，是群主的"自有资产"，不受任何平台规则和算法变化的影响。在社群中，群主可以与每一位成员有更加良好的互动。在互动中可以逐渐加强群成员对品牌、产品的认知与好感度。同时，还可以根据群成员的共同点制定招商方案，有效提升招商成功率。

对于招商企业来讲，做社群式招商，做好了社群运营也就做好了私域流量的高效转化。那么招商企业该如何做好社群式招商呢？

第一步：用个人 IP 抢占认知高地

做社群式招商，一定要把"卖货思维"转变过来。这就好比这样一个问题：如果你生病了，是相信卖药的？还是相信医生？答案显而易见。

做社群式招商，首先要扮演好专业"医生"的角色。要多关注并活跃在各种与招商企业所在领域相关的知识平台、问答平台，加入各种论坛讨论，发表一些有见地、有远见的讨论内容，逐步树立自己的专业个人 IP 形象，让更多人认识你、关注你。

基于个人 IP 形象的塑造，你的个人品牌已经在这些平台上抢占了用户的认知高地。

第二步：打造属于自己的私域流量池

当有相当数量的平台用户拥护你的时候，此时就是将他们拉入你的私域流量池的最佳时机。

在这一步，关键就是打造属于自己的私域流量池。所谓的"打造私域流量池"，其实就是建设群。微信、QQ 本身就是几乎人人都在使用的社交平台。通过微信群构建社群，作为私域流量池，通过发送二维码、链接的方式，邀请目标用户加入社群。那些对你内容感兴趣的追随者，自然愿意主动入群。

对于主动进入社群的用户，要有一个正式的欢迎仪式，仪式感满满才能营造热情的氛围。可以通过发放红包，或者一些欢迎的表情包等，将社群氛围拉起来。

第三步：筛选有意向的种子客商

种子客商是否精准，直接影响着社群式招商的签单结果，在这一方面，无论是做线上社群式招商，还是线下招商其实是一样的。

建好社群之后，要做好社群维护，每天发布和分享一些与产品有关的价值内容，并积极发起讨论。确保这些内容最好都是经你之手打造的原创内容，如果得到了群成员的回复和点赞，就说明对方是有意向的。通过筛选和过滤，找到有意向的种子客商，便于在后续招商的过程中进行转化。社群中的用户意向度和精准度越高，对招商的成交率更有保障。

第四步：输出价值内容，推广测试成交

在招商成交之前，最重要的就是取得潜在客商的信任。通过为社群成员提供价值干货，比如为用户提供各种与招商产品相关的问题解决方案、价值咨询等，与他们建立信赖感。给到客户他们真正想要的价值，让他们对你信赖有加，才会愿意与你合作。当社群用户对你口中所提到的产品表示感兴趣，或者咨询你口中的产品品牌时，就可以顺势抛出产品优势、塑造合作价值等做推广进行成交测试。也可以鼓励社群成员将招商活动信息推送给潜在创业者和亲朋好友，提高招商活动的曝光度。

一场招商会能够实现100%的成交，其概率微乎其微。但在正式招商之前，先在社群里做成交测试，可以对有多少人有需求、有合作意愿有一个大概的了解。

总之，企业招商要紧跟时代步伐，学会借助一切可以利用的渠道和方法，实现线上线下融合，精准触达更多的潜在客商。社群式招商是企业招商的一条新出路，帮助企业获得更好的招商效果。

热点式招商，让招商流量爆棚

一场招商活动举办得好不好，关键还需要看吸引潜在客商注意力的程度有多高。借用热点事件带来的流量，吸引潜在客商的注意力，可以让招商流量爆棚。这就是热点式招商策略。

热点式招商就是利用当下正在发生的热点事件，吸引潜在客商的注意力，实现快速收益。

那么热点式招商怎么玩？借助热点事件助力招商，可以通过以下几种方式实现。

第一步：挖掘热点

想要借助热点事件实现成功招商，首先要做的就是挖掘一些与企业所在领域相关的热点。挖掘热点的常用渠道有以下几种。

（1）微博热点

微博可以说是大量信息的"聚集地"。这里也是招商企业快速获取热点的来源。在这里，每天有大量新闻、事件信息发布。可以在微博热榜种查看更多当下的热点信息。

（2）百度热点

百度平台上每天充斥着各式各样的信息和事件。在百度网页，就可以看到最新的百度热搜榜，还囊括了本地榜、民生榜、财经榜。凡是上热搜榜的新闻，都是百度根据大众的搜索热度、新闻热度而按顺序推出的当前最新鲜、最前沿的热点内容。

（3）短视频热点

当下刷短视频成为人们打发无聊时间、放松心情的重要方式。短视频平台上，如抖音、快手等，也有大量热点新闻咨询等。

> 以抖音为例，在抖音首页，点击右上方的搜索图标，进入新的页面后，就能看到抖音热榜、本地榜、直播榜、团购榜、品牌榜、音乐榜等，在抖音热榜、本地榜中可以找到当前最新的热点新闻事件。

第二步：筛选热点

搜集到的热点事件，并不是每一个拿来就可以使用。一定要从中做筛选，选择那些有利于开展招商活动的热点事件。

（1）是否具备正能量

热点事件中，有的是正能量事件，有的是负能量事件。选择那些正能量事件，对招商企业树立良好的企业、品牌形象大有裨益。

（2）是否能激发受众有效情绪

热点事件正是因为能激发人们的情绪，因此才能成为当下热点。但那些激起人们愤怒、不满情绪的热点事件，千万要远离。否则这些热点事件很可能会给招商活动带来灾难。

（3）是否存在风险

有些社会时政类的热点事件、不符合主流价值观的热点事件，本身就存在一定的风险，千万不要触碰。

第三步：借热点事件扩大招商影响力

企业借助热点事件开展招商活动，目的是通过热点事件的吸睛能力，为招商活动做宣传，而不是为了刷存在感或凑热闹。

在具体操作过程中，要找到热点事件与企业品牌、产品相关联的点，然后围绕这个点，为企业品牌、产品做招商宣传，让更多的人对企业以及本次招商活动有更多的了解，吸引潜在客商前来参加。

总之，热点事件具有极强的传播性和极高的关注度。热点式招商策略，是一种借力打力策略。将热点事件利用起来，并与品牌、产品相挂钩，可以让招商企业短时间内聚集大量人气。这对于招商企业来讲，无疑是一个绝佳的营销机会。

造势式招商，赢得目标受众关注

如果说热点式招商是一种借势策略，那么造势式招商就是一种谋势策略。

孙子兵法中有一句："积水之急，至于漂石者，势也。"意思是：湍急的流水，飞快地奔流，以至能冲走巨石，这就是势的力量。

企业在商战中，只有处于优势地位，才能赢得竞争。如果没有"势"，就需要为自己造势。

造势式招商则是通过举办活动、自己制造事件，在大众传播媒介的助力下，对招商活动造成有力的声势，引起特定对象的关注，从而达到为招商企业做宣传的目的。

造势式招商，在具体操作过程中，需要掌握以下步骤。

1. 造势方法

造势式招商的方式多种多样，有些实力强大的企业，其自身品牌本身就是一种强大的"势"；对于初次开展招商活动的企业，本身就已经形成了一定的"势"。企业本身有"势"是好事，但"势"还需要被目标对象看到，才会起到强大的轰动效应，为企业招商带来更多的关注。如果再经过精心的策划，就更容易营造氛围，造势也会容易很多。常见的、高效的造势方法有以下几种。

（1）广告造势

广告造势是很多招商企业常用的一种造势方法。借助广告的强传播效应，将企业招商信息传达给受众。传播效果取决于策划人的水平，以及广告制作的优劣、文案撰写的精妙与否。一则好的广告，能带来强烈的轰动效应，给受众带来强烈的刺激。这样的广告造势是十分成功的。

> 比如，某卫浴品牌招商广告中的一段文案：
> "再忙也不能没有对家人的呵护与陪伴，XX卫浴让世界充满流动的爱。精致生活，精致享受，体验奢华，如沐春风，用心诠释时尚家居新概念。携手XX卫浴，共创辉煌未来。我们期待您的加入，共享财富盛宴。"

（2）新闻发布会造势

新闻发布会造势，是企业因为某些原因，如新品发布、企业创立周年纪念日、企业经营方针改变、新首脑上任、企业搬迁等，而召开的新闻发布会。通过召开新闻发布会的方式，为企业下一步开展招商工作造势做准备。

（3）展览会造势

为了让消费者、广大潜在客商更好地认识和了解自己的品牌和产品，树立良好的品牌形象、提升品牌知名度等，很多企业在招商之前会举办一场展览会进行造势。

（4）公关造势

公关是为企业树立良好形象的有效手段。对于企业招商而言，公关造势的作用也非常大。公关造势的优点在于，不用自己为自己做宣传，而是借助第三者的角度，将自己想说的话说出来。有第三方背书，则能有效提升招商企业的可信度和知名度。

> 比如：某家牛奶企业赞助了一场公益活动。虽然在公益活动上没有用一个字推销自己的产品，但现场前来参与公益活动的记者、专家、政府工作人员就是对招商企业和其产品最好的宣传。大众也会因为招商企业赞助该公益活动，而对其产生好感。这样就自然而然地为企业接下来的招商活动营造了有力的"势"。

2. 造势技巧

企业以借助造势的方式达成招商目的，在其过程中，具体使用什么造势方式，可以根据自己的需求进行选择。但重点在于如何巧妙运用。掌握有效的操作技巧，才能达到事半功倍的效果。

（1）速度快

造势式招商策略，在运用的过程中，讲究一个"快"字。这里的"快"是指发力速度要快。在当前变化快速的市场环境下，如果造势前的预备时间过长，等到造势创意诞生时，市场环境和竞争格局可能已经发生了巨大的变化。此时的造势创意可能已经不再适合当下的市场环境与竞争格局。所以，造势式招商策略，"快"字当先，才能确保造势效果。

（2）独创性

造势式招商，本身就是认为创造一种为招商企业做推广、宣传的机会。但还需要注意尽量减少人为的痕迹，要凸显其独创性，才能真正达到吸睛效果，从而达到造势的目的。

（3）悬念感

真正的造势高手，非常懂得"悬念"这两个字的重要性。给人留下悬念，会引起受众的好奇，并引发人们的分享和讨论。这样更容易引起轰动效应，让更多的人知道招商企业的存在，主动去关注并了解招商企业。

造势式招商，可以将招商企业的相关信息快速触达目标受众，赢得目标受众的关注，从而为招商活动的成功开展奠定基础。可以说，造势式招商是招商企业借助轰动效应实现增流和成交的重要手段。

体验式招商，亲身体验远胜于说服

企业的招商项目不论是产品还是服务，在这个以人为本的时代，一切招商活动的开展，都需要围绕"用户体验"进行。"用户体验"是招商企业赢得潜在客商青睐，加速成交的核心武器。

很多招商企业错误地认为：酒香不怕巷子深，只要自己的产品和服务品质过硬，就一定能吸引潜在客商争相合作。这样的思想实际上是一种短板思想。因为，真正能吸引潜在客商合作，并愿意积极建立牢固合作关系的，其实还是得靠体验效果说话。体验效果好的产品或服务，更有市场前景，更利于潜在客商盈利，创造财富。

与其对产品品质和功能或者服务品质说得天花乱坠，不如让潜在客商自己试用和体会。招商企业利益免费赠送给潜在客商产品、免费提供服务，供其使用或尝试。好的产品和服务自己会说话。当潜在客商在试用或体验完之后，觉得产品或服务超乎想象的好，能够给潜在客商带来一种安全感。

显然，这样做，既能树立企业品牌形象，又能让潜在客商对合作充满信心，想要迫不及待地达成合作关系。另外，好的产品或服务体验，能让潜在客商亲眼看到切切实实的产品品质和服务效果，亲自感受到产品或服务所包含的价值点。有助于提高潜在客商的成交概率，缩短成交时间。

如何玩转体验式招商？

1. 体验式招商技巧

（1）围绕消费者

任何产品或服务，最终的归宿是消费者。消费者是产品或服务的使用者和体验者。潜在客商在选择合作项目的时候，也会将这一点作为重点考虑。

在做体验式招商时，要将潜在客商当作终端消费者来对待。挖掘他们内心的渴望，站在消费者体验的角度，去摸索消费者的兴奋点，为潜在客商提供自己的产品和服务体验。在迎合消费者体验需求的同时，做出特色。

（2）设计体验场景

无场景，不体验。每一个产品或服务，都有其相匹配的体验场景。在相应的场景中体验，更有代入感，能有效提升用户的视听体验、触觉体验、交互效率、情感关怀等，这样的体验效果会更好。好的场景，会提升产品或服务的好感度，进而影响潜在客商的合作积极性。

有人说："设计的最高境界是没有设计，让人觉得恰当自然不刻意"。优质的体验场景能在不经意间使得产品或服务被赋予了温度，仿佛有了灵魂。

> 比如：锅碗瓢盆是人们居家生活必不可少的餐具。为了给潜在客商营造良好的场景氛围，某厨具品牌直接1:1打造了一间厨房，在烹饪区、烘焙区、清洗区，展示各类厨具产品。通过精心布置的生活场景，让潜在客商直观地感受厨具产品的品质和实际使用效果。同时，也通过真实的厨房场景，给人一种温馨感，使得潜在客商对产品的好感度瞬间提升不少。

2. 体验式招商操作要点

使用体验式招商策略，在操作的时候，必须注意以下几点，这里主要拿产品体验做要点补充。

（1）直观地感受产品卖点

对于实行体验的产品，一定有自身的优点。潜在客商在拿到产品之后，能非常直观地感受到产品的卖点，进而对产品产生足够的兴趣。

（2）适当制定产品体验期限

对于一次性快消品，潜在客商当场直接免费拿去试用体验是没有问题的。对于其他非一次性快消品，现场体验难以及时感受到体验效果，或者有的价格昂贵的产品，可以在招商之前邮寄或配送到免费体验也可以理解为"免费借用"。这就需要适当地制定一个免费试用期限。要给潜在客商足够的时间去体验产品。那么究竟该如何制定免费体验期限，才能最大限度地刺激潜在客商合作，还不会造成试用成本的浪费呢？

通常，免费体验的期限是3~30天，需要考虑产品特性，以及确保试用期限足够长以充分展示产品功能和特点。

> 比如：服装服饰类产品，因为试穿后可以直接体会到产品从材质、试穿效果等的好坏，因此，通常免费试用的时间为7天。
>
> 对于一些保健品来说，短时间内试吃，效果不是十分明显。为了更好地证明产品效果，就需要将免费试用时间适当延长一些，通常可以定为7~15天。
>
> 对于一些特殊功能的护肤产品，如淡斑乳，见效时间较长。通常需要将免费试用时间定为15~30天，才能达到理想的护肤效果。

招商应该有创新意识，不能总用一成不变的方式和方法。让潜在客商看得见、摸得着、体验得到产品或服务，才能更好地了解产品或服务的好。当然，盲目、随意体验难以达到理想的招商效果，要有设计、有技巧地展现产品或服务的价值。通过体验，真正得到潜在客商的认同，才是硬道理。

情感式招商,温情牌更具杀伤力

如今,市场竞争空前激烈,招商领域也不例外。招商人员一味地像以前一样用传统方式兜售自己的产品,把自己与客商之间的关系界定为单纯的买卖关系,显然已经行不通了。

在招商领域,成功并非偶然。除了过硬的产品品质、优质的服务之外,心理学其实才是拉开招商成功率的关键。

企业招商拼的不仅是产品的品质和服务,更需要的是一种浓郁的"人情味"。在招商过程中,适当打出一张温情牌,让那些注重情感价值的潜在客商充分获得情感需求上的满足。在市场中产品品质旗鼓相当的情况下,这么做不但能激起他们的签单意愿,甚至还能使得他们与你成为生意之外的朋友,给你带来更多的成交机会。这就是情感式招商的魅力。

做情感式招商,关键在于这张温情牌如何打?凭借30年的招商经验,我在这里分享一些有价值的方法和经验,帮助企业实现潜在客商的主动成交。

1. 多一些礼貌提醒和引导

任何一位潜在客商,对于招商企业来讲,都是"行走的财富"。不论潜在客商实力如何,都应当多一些礼貌和耐心,一视同仁。

一些微不足道的提醒,如潜在客商进场时,提醒他们"注意台阶,小心脚下";服务人员用标准的礼仪礼貌示意,带领潜在客商入座;待潜在客商准备离开会场时,主动提醒他们检查是否落下东西等。这些虽然是一些与签单无关紧要的琐事,却通过点滴细微的礼貌引导、提醒等,让潜在客商心生感激,也让他们对招商企业增加更多的信任和好感。

2. 提供实实在在的服务

在当前的市场环境下,竞争异常激烈。那些真正在竞争中崛起的企业,必定有过人之处。把感动潜在客商作为服务标准,才能赢得潜在客商的心,拥有高价值客商。这不仅能提升企业品牌的美誉度,还可以为自身带来更多的签单量,获得更多的盈利。

多给潜在客商一份关爱,多给潜在客商一点实实在在的服务,让潜在客商感受到你那颗真正为他们服务的心,一片真正为他们服务的情。如果说产品的第一次竞争是产品质量的竞争,那么情感竞争就是第二次竞争。让潜在客商感受到更多的"人情味",招商成功率自然要提升很多。

> 比如:在召开招商会之前,招商人员主动为潜在客商提供全面的咨询与支持,帮助潜在客商全面了解产品。对于潜在经销商的咨询与请求,在第一时间给予快速响应。能够实实在在地站在潜在客商的立场上,为其做精准分析,帮助潜在客商做出明智的合作决策,展现高效服务态度。对于潜在客商来讲,时间也是金钱。优质的服务态度、贴心的服务质量,能让他们拥有一个愉快的咨询体验。

3. 根据所需提供特殊服务

在潜在客商当中,受各种因素的影响,不乏特殊类型的潜在客商。给予他们特殊照顾和关怀,能很好地拉近与他们之间的情谊。

> 比如:在寒冷的冬季举办招商会,为潜在客商提供暖身热茶;在炎炎夏日举办招商会,为潜在客商提供消暑凉茶。
>
> 比如:有人会因为远道而来,不适应当地气温变化而受冷感冒,或受热中暑等。发现精神状态不太好的潜在客商,招商人员主动上前关心和询问情况,并为其送上治疗药物,让潜在客商远离家乡,也能享受到家人一般的关照。这些简单的举动和关心的话语会让他们心中一暖,从而使企业在他们心中树立起了良好的形象。

在更加注重情感消费的时代,在产品、服务品质与价格差异不大的情况下,谁能带来情感需求上的满足,谁能给予情感上的关怀,谁就能得到潜在客商心理上的认同。这样不但能赢得潜在客商的投资合作,甚至还可能为我们引荐更多的合作伙伴。

以情留心,能更好地赢得无情的竞争。

裂变式招商，推荐即奖励实现自动裂变

企业在激烈的市场竞争中能够更好地存活，成交量规模化是前提。尝试动用身边一切可以利用的力量，为自己增加新的潜在客商，实现潜在客商规模化，是招商企业的高明之举。实现潜在客商规模化增长，就要发展新的潜在客商，实现目标客商从0到10的骤变。

如何实现？答案就是"裂变"。裂变式招商，就是让每一位已有合作客商为招商企业带来新的潜在客商，让所有已有合作客商成为招商企业的"推销员""推荐官"，使得招商企业的潜在客商流量快速实现几何级增长。

通过已有合作客商来推荐新的潜在客商，往往给予已有合作客商的背书，裂变成效会比较好，可以快速实现1变2，甚至实现1变N。这样做省去了招商企业为了争取信任度而大肆做铺垫的麻烦，使得潜在客商流量的增长变得容易很多。

如何才能促使已有合作客商为招商企业做推荐？最见成效的方法就是"奖励"。

拿出一定的利益作为回报，对已有合作客商的"拉新"行为进行奖赏，如现金奖励、折扣奖励等。在利益驱动下，可以换来已有合作客商的转介绍。

1. 直接奖励

推荐直接奖励就是让已有合作客商将招商企业成功推荐给新的潜在客商，如新的潜在客商成功签单，由招商企业直接给予已有合作客商一定的奖励作为回报。

> 比如：已有合作客商成功推荐一位新的潜在客商合作，就可以获得一定的现金奖励。或者推荐的新客商在合作期间达到一定业绩目标，推荐任还可以获得额外提成。

2. 阶梯式奖励

阶梯式奖励就是设置一定的奖励层级制度，已有合作客商为招商企业推荐新的潜在客商合作。成功合作的新潜在客商人数达到某一个数值后，就会获得一定的奖励。奖励的多少取决于成功合作的新潜在客商数量，成阶梯式增长。

> 比如：已有合作客商成功推荐 5 位新潜在客商合作，已有合作客商就可以获得 9 折优惠；成功推荐 10 位新潜在客商合作，已有合作客商就可以获得 8 折优惠；成功推荐 15 位新潜在客商合作，已有合作客商就可以获得 7 折优惠……这种阶梯式的裂变式招商方式，可以激发已有合作客商推荐的积极性。

玩转裂变式招商，需要注意以下几点。

第一，设立明确的奖励机制

裂变式招商主要是通过诱人的奖励，吸引已有合作客商为招商企业推荐新的潜在客商合作。明确的、清晰的奖励机制，便于吸引已有合作客商推荐的积极性，同时也有助于兑现奖励，免于不必要的利益纠纷。

第二，确保推荐数据与奖励的透明性

已有合作客商成功推荐了多少新客商，新客商的业绩情况如何，这些都要建立详细的记录和统计，便于准确核算奖励。同时，还要定期公布相关排名和业绩数据，确保推荐数据与奖励的透明度和公平性。

在裂变式招商策略下，人人都是推广官，都可以为招商企业带来可观的裂变流量。在当前市场获客难的情况下，获取新客的成本居高不下。裂变式招商，通过对已有合作客商的信任，使得招商企业与潜在客商之间搭起了合作桥梁，为招商企业实现流量裂变，推动了企业招商活动的成功开展。

跨界式招商，跨界融合实现客商倍增

在以往，企业招商单枪匹马、单打独斗，受限于固定的行业、地域、人群，导致招商效果不佳。如今，随着人们思维的转变、市场的变化、科技的进步，越来越多的企业开始打破之前的桎梏，做起了跨界式招商，以便寻找更加广阔的招商空间。

行业内有句话叫作："打败你的可能不是同行，而是跨界。"在当下，做招商不懂得跨界合作，难以实现客商倍增。多方合力协同作战，以商招商，实现盈利增长。

跨界式招商，顾名思义，就是不同行业、不同领域之间的企业合作，共同招商。

优势一：打破行业界限

跨界式招商，打破了原有的行业界限，在形式上做创新，给潜在客商提供更具创意的产品或服务体验，给人耳目一新的感觉，更好地吸引潜在客商的目光。

优势二：制造新的话题

在不同行业、不同领域的企业之间跨界合作招商，在商界一定会形成话题讨论，吸引更多的潜在客商前来参与招商会，所带来的流量能实现1+1>2的效果，由此也会带来更多的商业机会。

优势三：扩大品牌影响力

跨界式招商，合作企业之间彼此实现资源共享与互补，满足潜在客商的多元化需求，提升品牌影响力，有效拓宽招商渠道。

优势四：降低招商成本

跨界式招商，不同企业彼此合作举办一场招商会，一方面带来不同资源在场地费用、人工成本、各项物料成本等相较单家企业招商所需成本总和，则会节约不少。

1. 跨界式招商策略

跨界式招商优势显而易见，在高效的方法和技巧加持下，可以为企业带来惊人的招商效果。

（1）多业态跨界招商

企业进行跨界式招商，可以联合两种甚至多种业态共同举办招商活动，从而有效扩大潜在客商群体。

> 比如：家电、手机、电脑、数码等不同业态的企业之间可以相互合作，以"科技"作为主题，共同开展一场招商会；休闲、娱乐、餐饮等多元业态可以"家"为主题，开辟不同的功能区域的场景，开展一场别开生面的招商活动。

（2）跨界互推

跨界互推，就是两个不同领域的企业，跨界合作，在各种的渠道互相为彼此做推广，提升合作对象知名度，吸引潜在客商的关注。这种方法可以不用消耗成本，就能达到很好的引流效果。

2. 跨界式招商要点

并不是任何一个行业的任何一个企业，都可以凑在一起开展跨界式招商活动。合作对象要有所选择。

（1）合作方与自己存在一定关联性

不同企业跨界合作招商，不仅仅是简单的品牌联合，而要选择合作各方之间存在一定关联性，或者有内在关联点的企业作为合作对象。这里所说的可以是行业领域之间的，也可以是产品品类之间的"关联性""关联点"，这样跨界合作的招商行为才能发挥品牌之间的协同效应。

> 比如：厨具、卫浴两大商业领域，其关联的点是"生活"；厨具与餐饮两大领域之间的关联性是，餐饮需要厨具。

（2）具有影响力和知名度

选择在目标市场有一定知名度和影响力、具有良好口碑的企业作为跨界合作对象，可以扩大招商活动的影响范围，提升招商企业自身影响力。

（3）有共同目标和价值观

要确保跨界合作伙伴与企业自身有共同的目标和价值观。这意味着，在合作招商的过程中，彼此的招商占领、客商群体上能够存在协同性。

> 比如：一家致力于环保事业的企业，在招商的时候，可以寻找关注新能源方面的企业进行跨界合作，以此确保双方的核心价值观一致。

（4）彼此互利互惠不冲突

企业之间跨界合作招商，为的就是能够实现合作共赢，互助互利。如果合作对象与自身品牌有冲突或竞争关系，则不利于合作，应当极力避免。

做生意，就是要在赛道上做创新，才有更多的商业机会。大多数人在用传统模式招商，跨界式招商实现跨界混搭，为招商企业有效扩大商圈、迎来更多的流量和成交量。

第十章

巧用谈判策略，加速推进招商成功

招商谈判是招商过程中的一场博弈，是招商所需的一项必备技能，也是招商工作能够顺利推进的关键所在。真正的谈判高手，不仅懂得深入了解客商心理，还能恰到好处地用到有效的谈判技巧，让客商对其信任有加，愿意达成合作交易。

掌握成功谈判必备核心原则

招商谈判能力的强弱，直接影响着项目的成功落地与否。在谈判的过程中，要掌握必备的核心原则，以确保谈判效率和成功率。

1. 自愿原则

招商买卖双方都是自愿原则，而不是一种强买强卖行为。参与谈判的各方，都是出于追求利益和发展目标而自主自发地参与谈判，并非他人驱使或外界压力而进行谈判。

2. 诚信原则

"人无信则不立，业无信则不兴"，这不只是古训，更是当前市场经济的精髓所在。在招商谈判过程中，诚信是招商活动能够顺利开展下去的根本。无论招商企业还是客商，内心怀着一颗真诚、守信的心，彼此如实展示自己的能力和水平，如招商企业真实展示产品优劣势、生产能力、市场空间、合作客商业绩、技术资料等，客商向招商企业如实提供财务状况、资源状况、管理状况等相关资料。以确保合作能够在诚信原则下有效进行。

3. 平等原则

谈判是一种智慧的较量。在谈判桌上，双方以平和的姿态，平等协商，才能将谈判引向自己所期望的结果。以理服人，不盛气凌人，不咄咄逼人，是招商谈判过程中必须遵循的原则。

4. 换位原则

在谈判的过程中，有些分歧、争议，导致谈判陷入僵局是不可避免的。既然合作双方都是为了自己有更好的发展前景而选择合作，就应当懂得换位思考。首先，能站在对方的立场上，思考对方的需求和利益，制定双方都能接受的解决方案。其次，做好自我情绪管理，同时也能理解对方出现各种担忧、焦虑情绪的原因，寻找适合的沟通方式，减少情绪对抗。谈判过程中，真正能够设身处地考虑对方的立场和需求，才能彼此达成合作共识。

5. 透明原则

招商谈判过程中，确保各项信息、数据透明化，是赢得客商信任的有效方法。不伪造、不虚构、透明化操作，这对于提升客商合作信心、加速谈判进程速度、提升谈判成功率有很大帮助。同时，也利于招商企业获得成功招商和长期发展。

6. 合法原则

招商谈判的过程中，谈判专员不能凭着自己的主观意志做决定。要遵守国家法律和政策，遵守国家贸易惯例，保证合法合规，以维护相关法律的严肃性和市场经济秩序的公正性。

企业招商不是做一锤子买卖。企业招商谈判，本着自愿、诚信、换位的思想，营造一个平等、透明、合法的营商环境，自然吸引客商与企业建立长期合作关系，企业也会因此长期获利。

招商谈判常见误区

招商也是一门技术活。每一个招商项目的成功落地，绝非偶然，离不开每个环节工作人员的精细化操作。

很多企业前期工作做得非常到位，效果也很好，但到了谈判环节，因为一招不慎，最终落了个满盘皆输，使得这位原本快要到手的客商，最终十分不悦地拂袖而去。这样的结果，是招商企业最不想看到的。其实，出现这样的情况，很多时候是因为在谈判环节存在一些误区导致的。

误区一：把对方当对手

很多时候，对于招商谈判存在一个误区，就是把客商看作利益相争的对手。认为招商企业和客商都为了自己的利益而极力去谈判。由此，就很容易产生不正确的态度，从而在谈判过程中针锋相对，使得整个谈判陷入不友好的局面。这样的局面非常不利于合作关系的达成。

【解决方法】

招商只是将招商企业与客商连接起来的一种桥梁和方法，让招商企业与客商通过合作走向更加广阔的天地。因此，在谈判的过程中，秉承着合作共赢的原则，协商达成双方都能接受的合作条件，才能真正实现互惠互利，共同发展。

误区二：贸然行动

商场如战场，如果没有对客商有全方位地了解，不知道客商需求以及其关心的核心问题等，只对其了解了个皮毛，就开始在谈判桌上随着自己的主观意愿去侃侃而谈，随意给客商甩出不相适宜的服务计划方案，会给客商留下不靠谱的形象，后续各个环节的推进就会变得十分困难。

【解决方法】

在招商谈判过程中，要学会倾听。倾听是在谈判中获取重要信息、取得对方好感，让对方获得尊重感的重要手段。

人们总是把自己内心的不满一吐为快。在招商谈判中，客商也喜欢表达自己内心的想法，倾吐自己不满意的地方，希望谈判人员能够认真倾听他们所说的每一句话，希望招商企业能认真考虑他们所吐露的不满和问题。

因此，给客商足够的时间去表达内心的想法，做一个耐心、认真的倾听者。从客商的话语中，挖掘他们内心真正的需求和痛点、问题，并为他们提供针对性的解决方案。倾听的同时,要避免沉默不语,还要对客商的倾诉及时给予回应,如"是的""明白""理解"等,表明我们一直在认真地听。此外,还需要做相应的提问,使得对方更加详尽、清楚地阐述自己的观点。

误区三:拎不清重点

有的招商企业,其谈判人员在与客商谈判的过程中,开始是各种寒暄,接着就是谈经营理念和企业文化,甚至大谈企业格局、未来愿景和展望等。花了大把时间放在这些无关紧要,或者前面招商人员已经做过的工作上,既造成时间浪费,又容易让客商反感,进而无兴趣合作。

【解决方法】

造成这种拎不清重点的情况,我个人认为,通常有两个原因:

第一,没有与前期招商人员做好工作对接,造成重复性工作。

第二,谈判人员好高谈阔论,却没有实质性谈判技巧傍身。

基于这两点,第一要明确,招商活动无论进行到哪个环节,都是整个招商工作的一部分,每个环节的工作人员应当对自己的职责有一个清晰的认知,避免无效工作。其次,对于招商谈判人员的使用,要看其口才表达能力的同时,更要注重能力、经验、技巧的考核。

误区四:自乱阵脚

有的时候,客商也会看人下菜碟。当发现谈判人员平易近人时,就认为这样的谈判人员好说话。于是就使用战术,表明自己对市场行情做过专门考察,知道产品的底价。如果不能达到自己的预期目的,就会终止谈判,放弃合作,以此来"激一把"谈判人员做出让步。

面对这样强的压迫感,那些经验不丰富的谈判人员,就会把对方的"最后通牒"看得很重,自乱阵脚。为了避免谈判破裂,就会忍痛让步。

【解决方法】

其实,招商谈判就是一场心理战。在接到客商下达的"最后通牒"之后,切勿自乱阵脚。要沉着冷静,保持自己应有的节奏,与其继续周旋。直到达成彼此都满意的协商结果。

误区五:夸大承诺

有不少招商人员在谈判的时候,为了诱导客商快速下定签单决策,就会在谈判的时候,夸大承诺,从而让客商对产品或服务产生过高期望,在实际操作的时候却无法让他们达到预期。

这样夸大承诺的操作,虽然可能导致客商产生不理智的决定、盲目投资,从而给招商企业带来可观的销售额,但从长期来看,会让客商失去对招商企业的信任，对企业公信力和形象的提升十分不利，更难以获得客商的长期合作。

【解决方法】

在谈判的过程中，注意禁止使用绝对化用语。这样的词汇会让客商产生误会，进而引发不必要的纠纷。

> 比如：一些夸大承诺的词汇"开店无忧""利润翻倍""创业致富捷径""稳赚不赔""高利润、投资小、回报大""低风险、无风险、风险小"等。这些夸大性词汇切忌在谈判中使用。

误区六：忽略证据

在谈判过程中，人们更加喜欢和习惯口头交流，口头承诺，也对口头沟通过分信以为真。当真正到了签合同的时候才发现，对方反悔，对之前的口头约定矢口否定。此时，我们之前所作的一切都前功尽弃了。

【解决方法】

为了避免这样的情况，在谈判的时候，一定要做会议纪要，并将谈判的最终结果以文字的形式写进合同当中，引导客商及时签字盖章。这样做可以体现招商企业的合作诚意，也表现出了对客商的重视。口头约定都是无效的，白纸黑字加盖章，更具法律效力和约束力。这样无论发生什么事情，都能有证据。

招商谈判，每一次都是一场硬战。避免以上误区，可以让我们少走很多弯路、少踩很多坑，确保谈判成功和达成互利合作。

先声夺人,掌握先发优势

在招商谈判桌上,虽然没有刀枪相见,却是一场心理博弈。很多谈判小白,在谈判开局就被客商牵着鼻子走,让自己逐渐陷入困境。

想要在招商谈判中获得优势地位,就要掌握先声夺人的技巧。将谈判的主动权掌握在自己手中,控制好谈判进程,能更好地实现自己的利益最大化。实现这一点,只需要两个步骤:

第一步:了解客商谈判动机

每一次商业谈判,谈判双方彼此都有自己的动机,希望这个动机能够在协商的过程中得到满足。在谈判的过程中,不要将注意力放在立场上,而要集中精力去了解客商的谈判动机。

了解客商谈判动机,有两种方法:

1. 根据心理学进行分析

心理学家马斯洛的需求层次理论认为,用户需求,通常包含:生理需求、安全需求、社会需求、尊重需求、自我实现需求。

其中,生理需求和安全需求,是对产品的刚性需求,是基础需求阶段;社会需求、尊重需求、自我实现需求,是从物质需求到情感需求的升华。只有当一个人较低层次的需求得到一定程度的满足后,更高层次的需求才会产生。

在谈判的过程中,要根据马斯洛的需求层次理论,分析对方合作和谈判可能会有的动机。

2. 谈判过程中进行判断

在谈判过程中,客商的言行举止都会透露出其内心的真实动机。

有一个交流四边形理论,讲的是信息可以从关系层面、事实层面、请求层面、自我流露层面这四个方面进行传递。人在交流的过程中,每个词、每个手势和每个面部表情,都有其想要表达的潜台词。通过这些潜台词,可以看穿一个人的心理活动,了解其心理动机。

第二步:先声夺人,先发制人

在明确客商谈判动机后,就可以根据其动机,做相应的谈判规划。然后再将规划落实到具体的行动上,在第一时间先声夺人,用先发优势(如产品质量好、品牌知名度、销售对路、企业信誉好、规模大、有实力等)战退客商。这就是战术。

> 举个简单的例子。一家服装生产商开展招商活动,由于其生产工艺、时尚度、服饰风格都十分符合当下年轻人的审美,因此深受当下年轻人的青睐,市场前景非常看好。
>
> 在招商工作进入到谈判环节时,一家客商在谈判的时候,表示:"再稍微降一点价格,我就立马跟你们合作。"
>
> 借助交流四边形理论,我们可以对其谈判动机做一个分析。
>
> 从事实层面:他指出了现实情况,目前对产品十分感兴趣,有急切的合作欲望,但价格并未达到其预期。如果能达到预期,就会立刻签单合作。
>
> 从请求层面:他直截了当地提出了要求,希望招商企业能够让价。
>
> 从自我流露层面:他用一语双关的潜台词,威胁招商企业,如果不降价,就立马走人。
>
> 从关系层面:表面上看,他与招商企业是对立关系。而且他是投资方,占上风。但他本身十分想合作,只能与谈判人员极力协商。
>
> 从这四个层面来看,这位客商真实的动机是,他很想合作,但如果价格再低一点就更好了。
>
> 于是,谈判人员很快做出反应,告诉这位客商:"您也知道我们生产服装的畅销度,那是因为这些产品都是用高成本堆出来的。我们这已经是最低价了。"
>
> 这样的表达,既表达了坚决,又再次强调了"畅销",如果你不合作,还会有很多人抓住商机与我们合作。最终,这位客商思索片刻后,让双方从对立关系变成了合作关系。
>
> 可见,读懂了这位客商的真实动机,用先发优势快速占领高地,就能让我们的谈判效果事半功倍。

在与客商谈判的过程中,要学会先声夺人,创造谈判优势。同时,还要在沟通的过程中学会从客商的言行举止中洞察其谈判动机,再实施对策和展现自己的实力,最后才能实现成交共赢。

把握提问技巧，掌握谈判节奏

真正的谈判高手，绝不会让对方牵着鼻子走，而是将整个谈判过程掌控在自己手中。

借助一定的提问技巧，不仅能顺利打开对方的话匣，走进对方的内心，还能通过有效的提问对客商做引导，控制整个谈判方向和进程。

谈判中如何才能做到巧妙提问呢？

1. 把握提问时机

没有人愿意在说话的时候，无端被别人打断。这样的行为会让人觉得很不礼貌，会让人觉得不尊重自己。如果在对方发言时，我们的脑海中突然闪过一个问题，千万不要中止对方的谈话而急于发问。提问既不能过早，也不能过晚，需要掌握绝佳提问时机。

（1）对方发言结束后提问

可以等对方讲完之后，等待时机成熟再提问。这样不但可以体现我们的修养，还可以通过对方前面的发言，更好地了解对方的心态，从而使得问题得到更好的优化，更加有针对性。

（2）对方发言停顿间隙提问

如果感觉对方的发言冗长，很多时候在一些细小的琐事上做纠缠，这样的谈判既没有太大的意义，又在浪费时间，影响谈判进程，那么就可以在对方发言停顿的间隙（如喝水、咳嗽等），见缝插针，发起提问。并表示："这些细节在后边拟定、签订合同的时候再做详谈，此时我们先把大的方案协商一下可以吗？"

（3）在自己发言前后提问

如果我们摆出了自己的观点和立场，并围绕其进行发言。在发言前后，可以顺势向对方提问。不必要求对方回答，而是要自问自答。这样可以防止对方接到话茬，将主动权牢牢掌握在自己的手中。

> 比如："在价格方面我们已经讲得很清楚了，那么您对接下来的服务有什么样的期望呢？我先谈谈我们自己的服务举措。"

（4）在规定时间内提问

一些大型招商会的谈判，对于各自的发言时间是有约定的。在对方发言的时间里，不做出提问，而是根据对方发言将想要提问的内容做相关记录、归纳。等到属于自己的发言时间段，再进行发问。

2. 注意提问的方式和方法

对客商发起提问，随心所欲地提问，不但难以达到谈判的目的，还会让客商反感，影响客商的谈判情绪。如何提问？需要讲究方式和方法。

（1）问题问到点子上

在谈判桌上，大家的时间都很宝贵。与客商谈判，不问便罢，问就要将问题问到点子上。有含金量的问题，能有效吓退对方的无理要求，更能加速签单，让整个谈判节奏快速且高效。

（2）态度要诚恳

在整个谈判过程中，要本着合作的思想，将谈判逐步推进。态度诚恳地向客商发问，能激起对方对问题的兴趣，也让人乐于回答。如果一副傲慢、高冷的样子，没有人会愿意与这样的人打交道，更何况回答他的提问。

（3）保持连续提问

在提问对方的时候，所提问的内容应当围绕同一个话题连续提问。这个话题结束之后，再提问下一个话题。不要正在谈一个话题，又突然提出一个与此话题无关联的问题。这样话题突然转变，让对方感觉无所适从，也会分散对方回答问题的注意力。各种不相干的问题交织在一起提问，你也很难得到圆满的答复。

（4）避免"是"与"否"的提问

古希腊哲学家苏格拉底以能言善辩著称于世，是因为他有自己独特的辩论方法，就是在辩论的过程中，绝不给对手说"不"的机会。苏格拉底这种克敌制胜的方法，在后来的谈判当中应用，也受益良多。在谈判的时候，带有"是"与"否"的提问，在对方回答"否"的时候，往往不利于氛围的缓和。但如果换一种方式提问，即便对方给出的答案中含有否定的意思，但我们也能从他的回答中，仔细品出其中的信息输出的缺口，并将其作为切入口，调整谈判策略，使其逐渐对于我们的意见变得乐于接受。

> 比如："关于服务方面，您是否满意？"如果客商对服务不太满意，直接给出"不满意"这三个字的回答，会让整个谈判氛围变得紧张起来，对立情绪也会变得越来越明显。

> 如果用"关于服务方面,您还有什么补充的吗?"这样的方式来提问,既体现出对客商的人文关怀,又不至于让和谐的谈判氛围受到影响。

招商谈判过程中,不经过思考,脱口而出的提问,经常会因为一句话而毁了一笔业务。如果能做到三思而后问,在提问之前先去思考什么话可以问、什么时候可以问,那么失误是很容易避免的。巧妙提问,可以更好地摸清对方的需求和底线,进而促进友好合作的谈判结果。

陷入僵局，冷静巧妙破局

在谈判桌上，总会在不经意间给人一种针锋相对的感觉。有的时候还会因为在一个问题上，彼此都为了坚持自己的立场和利益，难以达成协议而导致相互僵持不下，使得双方陷入僵局的情况。

其实，在这场博弈当中，出现僵局也是正常现象。谈判人员应当正视僵局，不要因此就给自己轻易贴上了"失败"的标签，进而失去谈判的信心和耐心，对自己的判断力和对局势的把握能力产生自我怀疑。摆正思想，用自己的智慧和谈判策略打破僵局，才有更多翻盘的机会。

1. 树立正确谈判理念

招商谈判，并不是为了"让对方输"，而是为了"让彼此实现双赢"。"双赢理念"才是招商谈判的真正意义所在。大家能够坐下来谈判，最大的驱动力就是要通过合作实现共同的美好未来。如果在谈判过程中，使得彼此陷入僵局，那一定是因为没有找出能够使得双方都能认可的、实现双赢的成交方案。事在人为，只要想诚信合作，就没有破不了的僵局。

2. 暂时休会

当谈判双方陷入僵局时，最简单的方法就是暂时休会。这种方法不仅能让双方缓解僵持氛围，还能让谈判人员稍事休息，恢复精力，使得谈判人员的情绪得到有效调节和控制。更重要的是，短暂的休息可以给谈判人员留下一段冷静思考的时间，当下自己所处的形势如何？是否要继续合作？如何调整策略？这些问题在冷静的情况下更容易得出答案。

3. 做一颗柔软的钉子

在谈判的时候，双方都比较敏感。在出现意见分歧的时候，谈判人员依旧能面带微笑、语言婉转地与对方交涉，在既不气势咄咄逼人，又能喜怒不形于色，情绪不受对方引导，心思不被对方轻易洞悉的情况下，用最柔弱的手段，化解僵局，克制对方，表达最坚定的立场。这样的谈判人员堪称高手。

4. 曲线进攻

古有"围魏救赵"，通过迂回战术，攻击敌人的薄弱环节，从而达到战胜敌人的目的。在招商谈判中，在谈判出现僵局的时候，可以利用"围魏救赵"的精髓，实行曲线进攻。

在谈判遇到分歧时，直接奔向目标，只会引起对方的对抗情绪。迂回前行，通过引导对方的思想，把对方的思维一步步引入自己的包围圈中，则更容易在对方毫无察觉的情况下取得成功。比如：借助提问的方式，让对方主动说出你想听到的答案。相反，越是急于成功，则越难以达到自己的目的。

5. 让步式进攻

如果强行攻城略地行不通，使得彼此都僵在那里，不如以退为进。在招商谈判中，当对方提出了一个很高的要求后，我们无法同意。经过一番讨价还价后，最终没有结果，也让整个谈判氛围紧张起来。此时，可以在其他方面做出让步，这样既不会给企业带来经济损失，又能让客商有一种占了便宜的成就感。但在其他方面的让步也不能太离谱，否则会让对方觉得招商项目没有太大价值。

> 比如：客商坚持要求企业在价格上做出 5% 的让步，但这已经超出了底价范围。僵持不下的时候，可以尝试在服务方面做出让步。平常产品售后服务是 1 年，不妨将售后服务升级为 2 年。这样客商觉得自己努力争取来的利益，比别人有了更多的售后保障，自然也会欣然接受。

6. 寻找替代方案

在招商谈判过程中，往往存在给出的利益方案难以让客商满足的情况，谈判僵局也就随之而来。

俗话说："条条大道通罗马。"此时，谈判人员如果能够发挥自己的聪慧，创造性地提出既能维护自身利益，又能兼顾客商利益要求的替代性方案，僵局自然被瓦解。可以说，谁主动提出替代方案，谁就将谈判的主动权掌握在自己手中。不要试图在谈判一开始就能确定哪个是最佳方案。因为在谈判的过程中，客商的要求充满了不确定性，谈判人员在一开始就心里提前确定好的最佳方案，很多时候并非谈判桌上客商认可的最佳方案。在谈判之前就构思好多个对彼此都有利的方案，以备不时之需。在出现僵局的时候，也好从容应对。

招商谈判不可能总是一帆风顺，出现僵持局面也是很正常的事情。关键在于谈判人员能够发挥自己的聪明才智，灵活借助一些有效的技巧和策略，巧妙打破僵局，化解紧张氛围，从而使谈判顺利进行下去。

不谈价格谈价值，让客商为价值买单

对于客商而言，价格是影响其做出签单决策的一个非常敏感的因素。在谈判的时候，客商会在价格上给予更多的重视，会花很多时间和精力在价格上做纠缠。客商经常会用一句"太贵了"表达自己的观点。可能是因为客商真的觉得价格太贵，也可能是一种本能反应，并非深思熟虑后的结论。

在生意里边，价格是双方达成合作的最重要的决定条件。招商做的是B2B的生意，客商购买的不是一件产品，而是批量生意。如果客户在价格上不断杀价，每一件砍一点价格，成批量产品被砍掉的就是一笔非常巨大的数额。

企业招商，很多丢单的原因就是价格问题。在价格上的谈判，是整个招商过程中最费精力，最容易谈崩的环节。

因为，你会发现，在招商谈判中与客商谈价格，无论把价格压得多低，客商都会觉得这个不是最低价，认为还有砍价空间。最终，你只能无奈地放弃这单业务。事实上，真正失败的原因，并不是价格本身，而是你在与客商谈判的过程中，给客商一种错觉和误判。

因此，花时间与精力，与客商一味地在价格上做纠缠，只会让你举步维艰。真正有效的招商谈判，是努力寻求扩大招商企业整体利益的方法，而不是在固定的利益上做争夺。

爱因斯坦曾经说过："问题无法得到解决的时候，必须上升一个维度。"当客商表示因产品价格不够理想而影响合作意愿时，我们不妨跳过价格问题，直接上升到另一个维度，即价值层面去做谈判。

解决价格问题的秘诀就是"价格闪躲"。招商谈判的有效筹码是价值，而非价格。避开价格谈价值，让客商为价值买单。实现这一点的关键在于，向客商传递价值，让客商明白签单合作能够为其带来什么样的价值。

1. 传递产品价值

客商花钱主要购买的是产品，从产品价值入手，让客商从关注产品价格转移到关注产品价值，让客商明白产品价值配得上产品价格，甚至其价值远远高于其价格本身，客商自然会被说服。

> 比如：可以用这样的话术回应客商的杀价行为。

> "价格贵自然有贵的道理。产品价值决定了其价格。优质的产品，其价值自然比普通产品高很多。相信那些低价产品并不会符合您的期望。"

关于如何塑造产品价值，在前文中"彰显产品优势"小节中有详细阐述，此处不再赘述。

2. 创造增量价值

创造增量价值，也是让客商为价值买单的一个有效途径。

什么是"增量价值"？简单来说，就是在现状基础上所增加的价值。在招商领域，也就意味着在客商原有的基本需求之上，为客商创造更多的价值，让客商感受到与我们合作，我们能给他提供许多别人无法给予的东西。这些东西的价值往往超乎客商预期。比如，超预期的"保姆式"售后服务、超预期营销活动支持、超预期协助经营带动客商成长、帮助客商解决资金难题等。

创造增量价值，向客商展示增量价值，让招商项目价值实现从1到10的提升。这样，在其他企业开展招商活动，还在市场领域竞争中还在因为价格战而内卷时，我们已经开始在增量价值上做创新。这就是能够在招商谈判中，让客商为价值积极买单的筹码。

这些谈判策略，不仅能维护产品价值，还能从不同角度引导客商做出购买决策。招商谈判不仅仅是谈价格，更重要的是传递价值。只有客商清晰地看到合作价值，才会愿意为价值买单。

审时度势，适当让步才能快速成功

在招商谈判过程中，有的谈判人员认为，既然要诚心合作，与其在谈判桌上讨价还价，不如直接开诚布公地做出大的让步，一步到位，也省得浪费时间迂回。

有的时候，客商漫天要优惠政策，甚至要的优惠已经超越了招商企业底线。谈判人员为了笼络客商，完成签单任务，也会做出大幅让步。

要知道，谈判桌上率先做出大幅让步的一方，往往提前失去了谈判优势。不但没有像自己预想的一样，吸引客商果断做出合作决定，反而给了客商一种"既然能做出如此大让步，一定在价格上还有可压缩空间"的错觉。这也就相当于给了客商再次"杀价"的激情，反而不利于成交。

比如：一家数码产品制造商开展招商活动，招引来的客商合作意愿空前强烈。本来以为自己的新品在技术和功能上做了极大的创新，在市场上能够杀出一条坦途，能赢得更多客商出资合作。但在谈判环节，谈判人员为了速战速决，就对客商直接报了底价，以表达招商诚意。然而，商业谈判并不是交朋友，直接给对方交了底就能真正交心。没想到，却被一家客商直接拿捏，认为既然敢报出如此低的价格，那么其利润一定比想象的还要大，在价格上还有砍的空间。于是，在一番价格协商拉扯之后，客商因为谈判人员坚持价格不再让出一小步为由，直接谈崩。最后与这家客商的招商工作也便就此终结。

那么如何才能做出正确的让步，促使客商积极签单呢？

1. 选择最佳让步时机

有的时候，招商谈判工作已经达到了双方立场都相当接近的地步，但客商依旧迟迟不做出签单决定。极可能是因为他还在观望，在等待谈判人员再次做出些许让步，希望自己能够再多争取一点利益。

价格高低，事关双方的利益。什么时候是最佳的让步时机，还需要根据谈判过程中客商的表现来定夺。让步过早，可能会被客商认为，这只是一个小小的让步，对招商企业来说九牛一毛，无伤大雅，进而会给客商得寸进尺的机会；

让步太晚，可能就在准备让步的最后一秒钟，因为客商内心感觉无望而抢先一秒说出了"放弃合作"；或者在彼此立场强硬、关系恶化之后，再提出让步，会使得让步对于客商而言已经不再像之前一样有诱惑力，也没有了想要在"杀价"上获胜的急切感。

"让步"工作做得好，收到的谈判效果才更加理想。

向客商让步，可以安排在最后合作期限之前，中间给客商留下足够的考虑时间。通常，大型招商会中间会安排一个休会的时间，主要是为了让客商休息的同时，给他们留下考虑的时间，对于招商企业提出的让步方案做一个回顾和利弊权衡。如果客商休息后，再次回到谈判桌上，表示依旧坚持让步，此时客商坚定地提出这样的要求，一定是在深思熟虑之后提出来的。此时如果谈判人员不做出些许让步，很可能这单生意就错过了。如果此时能适当让步，在最后合作期限之前能让客商尝到一定的"甜头"，就相当于在最后一分钟成功敲定了生意。

在谈判过程中，有几点特别需要注意的事项。

第一，最后合作期限之前的让步，必须让客商意识到，我们做出的让步已经是最大的让步，再无半点空间可挤。这样，我们做出的让步就会被视为一种为了合作迫不得已而为之的行为。做到这一点，客商会因为自己在"杀价"上取得的胜利而倍感愉悦。敲定合作也就是水到渠成的事情。

第二，中间休息的时间不宜过长。正所谓"快刀斩乱麻"。时间越紧促，越能给客商一种紧迫感。人总是越容易失去的，才会越想着牢牢抓住。否则，时间拖得越长，对方就可能觉得在价格上谈不拢，在内心深处承认他和我们的生意已经告吹，进而去寻找其他合作企业。

2. 适当做出让步

谈判中需要让步，缺少让步，会让整个谈判陷入僵局当中。甚至让客商因为没有享受到优惠而直接离开。向客商做出让步，也要讲究方式方法。

（1）开始小幅让步

在开始谈判的时候，立场要比较强硬。在必要的时候，做出小幅让步，结果更为圆满。如果刚开始就大幅让步，客商不会相信这是最后的条件。

但是，让步幅度不能太小，否则对方会觉得这样的让步微不足道，甚至有自己被戏弄的感觉，不利于成功签单。

（2）多次协商，最后做出让步

谈判高手深谙过大让步的弊端有多厉害，因此从不率先做出让步，尤其在价格、条件、期限等问题上，绝不会轻易交底，而是在多次协商之后，才做出让步。

让客商在历经多次艰难协商后，最终以"占了便宜"的心理而收手，并愉快签单。对于招商企业而言，看似客商占了便宜，实则自己还有十分可观的利润。这样的操作，才是明智之举。

（3）让步应当因人而异

是否让步，让步大小，还应取决于参加谈判人员的级别来定。一般情况下，前期谈判对方派出的谈判人员级别不高。到了最后阶段，高级领导才会出来拍板。到时候做出一个较大让步，既能让对方满意，又能彰显其领导身份的宝贵。

一个看似简单的优惠让步，其中涉及招商企业的很多利益。每给予客商一项优惠政策，都要考虑因为这项优惠策略而引发的一揽子效应，以及波及短期和长远效益。

在谈判的过程中，无论是客商还是招商谈判人员，都会想方设法扩大自己的谈判空间和利润空间。谈判是一项妥协的艺术。优秀的谈判人员往往能够在较高的报价中审时度势，做出适当的价格让步，还依然能够保持较大的回旋余地。

第十一章

快速成功有技巧，招商方法很重要

所有的招商都是为了能够快速地对外扩张，实现快速赢利。然而这一切都需要有更加贴合的招商方式，才能实现。要想提升招商的速率，让招商快速成交，需要借助更加高效、创新的招商方式保驾护航。

自建商学院，打造人才复制机

很多时候，企业招商，苦于无法像别人一样快速实现业绩倍增。其中一个原因就在于，自己没有扎实自己的根基。

> 我认识的一家餐饮企业，刚开始的时候，生意做得非常好，于是就开始招商做连锁。起初一下吸引了很多人前来合作，7家连锁店同时开业，而且人气一直非常旺。看到生意前景不错，想要通过招商再次扩大市场规模。但由于人才培养速度没跟上开店的速度，就不得不放弃了原先规划的项目目标。

企业招商，需要的人才所涉及的层面众多，如策划人员、营销人员、场务人员、财经会计人员、主持演讲人员、礼仪人员、谈判人员等。培养优秀招商人才队伍，企业在发展过程中优秀招商人才辈出，能保证招商企业因为优秀人才的充分利用而加快招商成功率，实现快速扩张。

优秀招商人才的来源有两个方面：

第一是第三方培训公司为招商企业专门输送人才。

第二是招商企业自建商学院，自己组织培训人才，实现人才复制。

第一种第三方培训之后向企业输送，虽然对于招商企业来讲省时省力，但由于第三方公司对招商企业缺乏更加全面、深入的了解，输出的人才未必是最符合招商企业需要的人才。

第二种相比第一种，虽然需要为了人才培养而花费更多精力、做更多努力，但为了企业的未来、为了长期发展，也是值得的。

打造人才商学院是一项巨大且长远的工程，需要做好系统性工作，才能促进人才商学院的成功建设。

组建商学院，其实就像办一所学校。主要是上层学校领导对整个学校的发展做整体规划；教师负责实施规划细则，负责对学生进行知识传输、能力培养；每学期期中和期末对学生的学习情况进行摸底考试。再结合企业实践经验，我认为商学院组建，需要重点构建以下四大核心板块。

1. 开发体系

开发体系的主要职责是：

（1）战略规划和部署

开发体系首先要站在整个企业发展的战略高度，对商学院的整体发展、部署做规划，包括定位（如打造XX企业人才培养的摇篮）、目标（挖掘人才培养土壤，培养高效招商团队）、培训体系规划（根据企业招商需要，制定培训规范和标准）、培训体系建立（建立高效培训师资队伍，设计培训工具、形式、方法）等。

（2）设计组织架构

一个完整的商学院，应当有层级清晰的组织架构。设计组织架构，也是开发系统的职责所在。通常，商学院的组织架构如下：

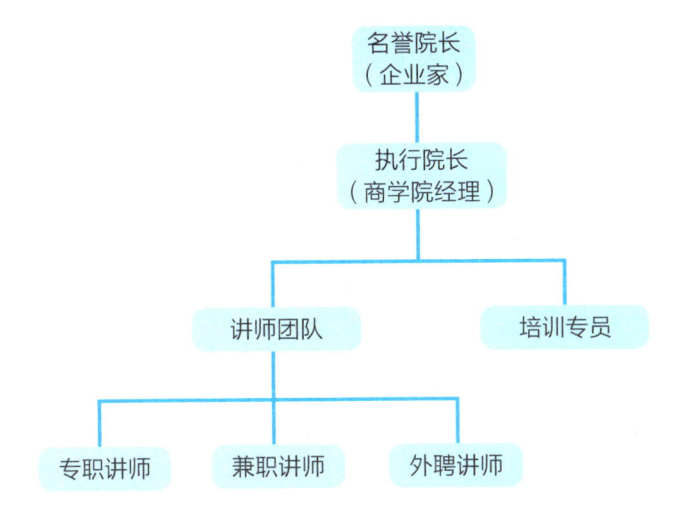

```
                名誉院长
               （企业家）
                   │
                执行院长
              （商学院经理）
                   │
          ┌────────┴────────┐
        讲师团队          培训专员
          │
    ┌─────┼─────┐
  专职讲师 兼职讲师 外聘讲师
```

（3）培训课程设计

开发体系还需要对人才培养的课程内容方向进行设计。参与企业招商的每一位学员岗位和职能不一样，需要根据不同的岗位和职能设计相应的课程内容。如果商学院没有完整、系统的课程体系，那么岗位训练课程就难以真正得到落实，学员也难以学到更加精专的知识和技能。

2. 讲师体系

讲师担任对招商学员的知识培训、技能培训等工作。讲师根据级别划分，可以分为：资深讲师、高级讲师、讲师、助教。可以根据其专业领域进行课程的合理分配。

3. 培训体系

培训体系的设计，主要包含培训计划、工作流程、培训管理、课程结构安排、教学方法、课程内容的选择等。还需要根据培训目标和学员特点进行设计，确保学员能够通过培训获得所需要的知识和技能，全面提升学员的招商才能。

4. 考核体系

考核体系，主要是对学员的学习成效进行考核与评估，对于评估成绩较差的学员，可以继续培训，待下次考核成绩合格后再正式上岗。如果二次培训，考核成绩依旧不达标，则直接淘汰。培养人才也需要付出各项精力和成本，做二次考核，相较于重新培养一批新学员，既可以节约相应的成本，又可以给学员一个重新学习和上岗的机会。

人才商学院好比招商企业的人才"蓄水池"，有不断的人才从商学院走出来，为企业招商发光发热。等到企业在招商过程中摸索出一整套完备的教学体系建立之后，就可以根据之前的经验，进行人才复制。使得招商企业的人才不断档，通过招商能够快速、高效实现市场扩张与业绩倍增。

汲取优秀经验，站在巨人肩膀上更易成功

牛顿曾经说过："如果说，我比别人看得更远一些，那是因为我站在了巨人的肩膀上。"的确，做任何事情，站在巨人肩膀上更容易成功。招商也是如此。

站在巨人的肩膀上去做招商，意味着我们能够将别人的经验和智慧加以充分利用，以更高效、精准地方式去实现自己的招商目标。

那么如何才能很好地站在巨人肩膀上，助力自己招商成功呢？

1. 借鉴他人的成功经验

成功的招商企业往往有其成功之道。他们的成功经验，如招商模式、招商策略、营销策略、谈判技巧、创新思维等，都饱含了我们可以汲取的养分，帮助我们更好地提升市场竞争力，提升自我招商能力，为自己的招商之路做好铺垫。

2. 学习他人失败的教训

俗话说："失败是成功之母。"聪明的人总是善于从失败者身上总结他们失败的原因，并从中吸取教训，避免自身在日后重蹈覆辙。那些在招商路上的失败者，同样可以是我们学习的对象。通过关注招商失败企业的案例，分析他们失败的原因，并找到应对策略。这样可以有效避免自身在招商过程中犯同样的错误或类似的错误，提高自己的招商成功率。

3. 学习他人专业的知识和技能

成功的招商企业，必定有很多成功之处。他们所具备的专业知识、超强招商技能等，都是帮助他们走向成功的重要条件。

站在巨人肩膀上去做招商，就要学会借鉴那些成功招商企业的专业知识和超强招商技能。

首先，要摆出最真诚的姿态，拿出最大的诚意，比如渠道分享、资源共享等，用相应的好处博得成功招商企业的芳心，与成功招商企业建立合作关系。以最谦虚的态度，向成功招商企业请教和学习，掌握获得最新行业动态、市场趋势的渠道和方法。这些信息对于招商企业来讲，无疑是把握市场机遇、制定精准招商策略的金钥匙。

其次，可以借助自己的人脉资源、渠道力量，打通与成功招商企业之间的关系，借助他们成功的招商经验，快速提升自身企业的招商成功率。

站在巨人的肩膀上做招商，是一种快速、高效且精准的招商方式。有了成功者的经验、教训、知识和技能的加持，可以让我们少走很多弯路，能让招商工作做起来更加顺畅，快速实现自己的扩张梦想。

样板模式快速复制，招商效率倍增

成功的商业模式并不是主观臆断的成功，而是经过实际招商成果检验之后得出的结果。那些在招商中大获全胜、赚得盆满钵满的企业，总是能引起人们的关注。

很多这样的企业，有稳定的盈利能力和广泛的市场接受度，是因为他们有成功的招商模式做支撑。复制样板招商模式，可以直接套用成熟的经营模式，让企业快速打入客商，吸引客商的关注，并得到他们的认可，进而快速进入盈利状态，实现企业招商效率倍增。

做招商生意，最好的方法就是打造样板模式，进行复制。

1. 样板模式的特点

（1）可复制性

样板模式是企业在招商过程中历经多次探索、尝试、实践后得出的成功模式。其最大的特点，就是可复制性，包括在组织形式、推广模式、传播手段、招商渠道等多方面都有可复制性。企业在日后开展招商活动的时候，可以将招商模式进行成功复制，进而加速企业招商的成功，帮助企业快速拓展市场份额。

（2）代表性

样板模式还在市场环境、媒体结构、市场渠道等方面具有很强的代表性。适用于不同的市场环境、媒体结构、市场渠道等。

（3）可调整性

样板模式虽然具有可复制性，但并不是单一照搬照抄。在不同的实际操作中，因地制宜地做出相应的调整和改变，既能确保模式的适应性，又能达到最佳的招商效果。

2. 样板模式的打造与复制

第一步，深入研究成功案例

虽然举办一场招商活动，不可能100%签单成功，但其中不乏快速取得成功的招商案例。平时，对于那些成功案例做好详细记录，包括具体招商项目、招商环境（包括竞争对手、市场趋势、消费者需求等）、产品特点、市场定位、营销策略、邀约策略、谈判策略、优惠策略等。对那些成功签单的案例进行深入研究，识别关键成功因素，分析案例策略和技巧，学习案例中的创新方法，总结案例中的成功经验和教训，然后提炼出属于自己的一套创新招商模式。

第二步，因地制宜调整策略

招商工作不能在同一个地方守株待兔，而要走出去主动找到更多的商机。因此，做招商不能仅仅局限于同一个地方，而是需要打破地域性思想，到全国做全区域招商。

这就需要在复制招商模式的过程中，根据不同地域的特点、风土人情、市场环境情况、客商需求等进行适当的调整，确保模式与本地市场相契合，成功吸引当地客商签单合作。

第三步，持续创新优化

复制成功招商模式，并不意味着就是一成不变的。在实践操作过程中，充满了各种不确定性的挑战，总会有特殊情况出现。我们需要本着复制成功招商模式的原则，根据实际情况进行调整、优化和创新，以适应实际招商情况。

复制样板模式是企业招商的一条捷径，能够帮助企业降低风险，提高招商成功率。但具体实施的过程中，招商人员还要借助自己敏锐的洞察力，根据实际招商情况、市场变化等加以适当调整和优化。经过如此操作，样板模式发挥的作用才会实现最大化。

打造标准化体系，加速扩大商业版图

我们常说：打造标准化招商体系，是企业实现快速扩张和占领市场的必由之路。什么是"标准化招商体系"？标准化招商体系其实就是一个系统化、规范化的招商流程。

在现实当中，很多企业开展招商活动，做的流程十分混乱。这就是为什么别的企业一次招商活动能发展上百家客商，而有的企业却招不到几个的原因。有了标准化招商体系，招商工作能够依照这一体系稳步推进，同时还能提高招商效率，降低招商成本。更重要的是，能帮助企业通过招商活动的开展，快速扩大商业版图。

对于招商企业来讲，一套完善的标准化招商体系必不可少。标准化招商体系的搭建，需要做好以下九个环节。

第一，明确招商目标

做招商，首先要有明确的招商目标。要弄明白举办招商活动，想要吸引的项目内容、投资规模、预期盈利、活动期限等。这一步又有助于筛选出符合需求的客商，提高精准招商的成功率。

第二，项目与区域相匹配

创建招商项目，确认招商区域，并对招商区域的地理优势、产业环境、配套要素等进行全方位了解，深度挖掘项目与区域的契合点，以求项目与区域相匹配为最佳选择。

第三，制定招商策略

制定招商策略是招商工作的重要环节。首先，要明确招商的策略目标，是想要扩大市场份额，还是想要提升品牌知名度，抑或是想要获取等多的技术支持。其次，要结合目标市场的特点和需求，制定相应的招商策略，如推广策略、品牌策略、产品策略、优惠策略等。

第四，准备招商材料

招商材料的准备不容忽视。招商材料应当包含招商简介、宣传册、招商手册、商业计划书、营销资料、会议物料等。精心准备的招商材料，可以向潜在客商有效传达招商项目的核心价值与优势，让潜在客商更好、更全面地了解招商企业的相关信息，提升他们的投资兴趣和信心，进而推进招商工作的顺利进行。

第五，组建招商团队

组建一支专业的招商团队，应当包括招商总监、招商经理、招商专员、主讲专员、招商文员、合同专员等。每个角色都有各自的职责，在招商过程中发光发热。

第六，客商邀约

在正式举办招商会之前，首先要向潜在客商发起邀约。有潜在客商前来参加，招商会的开展才有意义。对于不同类型的潜在客商，如陌生客商、意向客商、合作客商，要用不同的邀约策略，才能达到最佳的邀约效果。

第七，招商接待与谈判

万事俱备之后，就可以正式进入招商接待与谈判阶段。在这个阶段，首先要做好热情接待工作。其次，通过精心准备的演讲内容，成功吸引潜在客商的关注和兴趣，同时还要设置提问环节，对潜在客商的疑问答疑解惑，促进潜在客商积极合作。再次，进入谈判环节之后，要善于察言观色，洞察潜在客商动机和需求，以便使用更加有效的谈判策略，克敌制胜。此外，还需要通过谈判，从投资意向、资质和条件等方面，对潜在客商进行进一步筛选。有助于节省双方时间和精力，提高招商效率。

第八，合同签订与执行

在双方达成一致协商后，就可以正式签订合同。然后按照合同约定内容，客商缴纳相关费用；招商企业履行相关服务和承诺，支持客商的正常运营。

第九，客商关系管理

在合作期间，还需要与客商之间保持良好的沟通。定期了解客商的经营情况，并给出可行性经营指导。对于客商经营过程中出现的问题，应当及时提供有效的解决方案，以维护彼此长期的合作关系。

招商工作是一项复杂而需要注重细节操作的任务。有一套标准化招商体系做指引，能够帮助企业在招商工作中有的放矢。在实际操作当中，标准化招商体系中的操作步骤大同小异，可能会因为行业、企业规模和招商目标等因素而略有不同。在具体实施的过程中，应当根据具体情况做出调整和完善。